金道律师事务所
BRIGHTEOUS LAW FIRM

诉之有道

金道典型案件和项目承办策略与技艺（2024）

顾　　问／胡祥甫　王全明
主　　编／崔海燕
执行主编／赵青航　余勇刚
执行编辑／汪义山　徐晓阳
　　　　　吉志亮　朱昱宸

SEEKING THE BEST SOLUTION FOR OUR CLIENTS

法律出版社 | LAW PRESS
—— 北京 ——

图书在版编目（CIP）数据

诉之有道：金道典型案件和项目承办策略与技艺. 2024／崔海燕主编. -- 北京：法律出版社，2024.

ISBN 978 -7 -5197 -9493 -4

Ⅰ. D920.5

中国国家版本馆 CIP 数据核字第 20248BT942 号

诉之有道：

金道典型案件和项目承办策略与技艺(2024)

SUZHIYOUDAO：

JINDAO DIANXING ANJIAN HE XIANGMU CHENGBAN CELUE YU JIYI(2024)

崔海燕 主编

责任编辑 李 群 陈 熙

装帧设计 汪奇峰 臧晓飞

出版发行 法律出版社

编辑统筹 法规出版分社

责任校对 张红蕊

责任印制 耿润瑜

经　　销 新华书店

开本 710 毫米×1000 毫米 1/16

印张 14.75 **字数** 185 千

版本 2024 年 10 月第 1 版

印次 2024 年 10 月第 1 次印刷

印刷 天津嘉恒印务有限公司

地址：北京市丰台区莲花池西里 7 号(100073)

网址：www.lawpress.com.cn

投稿邮箱：info@lawpress.com.cn

举报盗版邮箱：jbwq@lawpress.com.cn

销售电话：010 -83938349

客服电话：010 -83938350

咨询电话：010 -63939796

书号：ISBN 978 -7 -5197 -9493 -4

定价：88.00 元

凡购买本社图书，如有印装错误，我社负责退换。电话：010 -83938349

序

律师的职责不仅是赢得案件，更是要为客户提供法律问题的最佳解决之道，此为“诉之有道”。2006 年，笔者与一众精英律师共同创办浙江金道律师事务所，取名“金道”寓意“守信如金，为业载道”，以诚信、专业为本，为客户寻求法律问题的最佳解决之道。而要提供最佳的法律解决之道并非易事，这要求律师将工作当作一门艺术来对待，把每一件案子当作一个艺术品精雕细琢，甚至对案件结果有一个近乎“苛刻”的目标。要想做到这一点，“执着从艺”的精神是不可或缺的，更需要坚守作为一名律师的职业道德。职业道德并非一个空泛的概念，它如同水润万物，无处不在，集中体现在律师的人格、品格、风格上。

“人格”是律师的“第一格”。律师以法律为业，是一个法律人，因此，对法律的信仰是律师的基本人格。律师心中要常怀对法律的敬畏之心，在任何时候、任何环境下都不能失去对法律的信仰。虽然律师提供的是有偿服务，但对法律的信仰决定了商业性不曾是、也永远不会是律师业的本质属性。可以说，对法律的信仰和敬畏，推动着律师针对承办案件的法律问题开展详细的分析，进行充分的研究，在法庭上展示缜密的逻辑论证和富有说服力的表达；同时也引导着律师去正确处理承办案件中法律属性、道德属性和商业属性的关系。律师执业的本质属性，是通过维护当事人的合法权利，体现法律的公平正义。

律师的“第二格”是做事要有“品格”。律师是一个具有独立人格、独立思想和独立地位的法律人。律师是当事人的代理人，而不是代言人。为客户寻求法律问题的最佳解决之道，为当事人争取合法利益的最大化是律师的职责。但律师不仅是在维护当事人的合法权益，同样也是在维护法律的公正，维护法庭的尊严。律师做事的“品格”还体现在与公、检、法等部门交往时，应当不卑不亢，做到不惧怕、不盲从，以平等的心态积极进行沟通，敢于发表并且坚持个人独立见解；和当事人接触时，应当以礼相待；遇到咨询求助时，应当热情相助。律师在和他人交往的过程中要保持适当的距离，既要做到“美美与共”，又要做到“和而不同”，在尽力为客户争取最大合法权益的同时，保持自己的独立品格和独立的法律见解。

律师的“第三格”应当是“风格”。律师在执业的过程中体现出来的个人风格各有特色，可以是温文儒雅的，也可以是慷慨激昂的。于笔者而言，“从大处着眼，从小处入手”是笔者在律师实务中摸索获得的办案经验，继而转变成笔者的一种办案风格。律师在承办一个案件时，既要有宏观的思路、整体的方案，也要注意细节、注意变化，因为不少诉讼的成败往往是由一些“细节”决定的；既不要使自己的防线因某个细节考虑不够缜密而被对方突破，又要时刻捕捉、决不放弃案子进展过程中对方在某个具体环节上产生的失误。一个优秀的法律服务产品就是一件艺术品，从整体构思到局部安排，再到细节上的精雕细琢，无不体现律师作为一名法律工匠的匠心——不仅在整体上，而且在各个细节上凸显律师的专业素养。此为“从大处着眼，从小处入手”。

时代正在经历重大变革，行业也正在日新月异。律师业，可以说是回应时代变革与挑战的“先锋队”，而律师则是勇立潮头的“排头兵”。变化的是科技与时代，不变的是律师们为客户寻求法律问题最佳解决之道的精神，以及律师们对职业道德的坚守。

除此之外，还有一些由平日办案过程中的所思所想而得出的一些感悟，想与律师同仁分享：

第一，办案思路要开放，逻辑论证要严密。为客户寻求法律问题的最佳解决之道，既要注重对案件法律关系的分析，同时又要具备较为开放的办案思路，善于跳出思维定式。2023 年笔者办理了一起建设工程施工合同纠纷案，作为建设工程的两名实际施工人的代理人，向某市中级人民法院起诉业主单位支付拖欠的工程款。某市中级人民法院一审驳回了我方的诉讼请求，主要理由就是无法证明两原告属于实际施工人。在上诉期间，笔者就开展了一项重要工作，前往项目经理劳动关系的所在地进行劳动仲裁。劳动仲裁的结果认为，虽然名义上的施工单位代缴了项目经理的养老保险，并且支付了工资，但是他们之间不存在事实劳动关系，仅仅是工程承包和相关资质证书的借用关系，支付的“工资”属于借用资质证书的费用，社会保险并非基于劳动关系缴纳。后来我们将劳动仲裁的裁决书作为二审新证据提交，二审法院考虑了劳动仲裁部门对劳动关系的裁决结果，综合其他证据，认定我方当事人属于实际施工人，可以作为原告起诉，裁定发回重审。案件办结之后，客户盛赞“金道律师是靠谱的律师”。

第二，诉讼案件复杂问题简单化，非诉案件简单问题复杂化。诉讼之战是一场危机四伏的角逐，法庭辩论是一个斗智斗勇的过程。针对纷繁复杂的诉讼案件，律师一定要把握案件的重点和突破口，用简明扼要的语言，把要害分析透彻，把意见阐述清楚。而非诉讼项目则可能思路相反，要将简单问题复杂化。在非诉业务中，当事人是根据律师出具的法律意见书来作出决定的，律师事务所出具的法律意见将直接产生后果，因此要对非诉业务中每一个细节作出详细论述，揭示每一种潜在的风险。

第三，沟通要充分，文本要美观。进行有效的沟通是律师的必备技能，律师要敢于并善于和办案人员进行沟通；同时也要积极主动地与当事人进行沟通，向当事人主动反馈案件信息、案件进展等信息，这样，当事人才会知晓你将他委托的事项放在心上。风云吐于行间，珠玉生在字里。除有效沟通之外，律师对文本的准备也应当是充分的。文本就是律师的衣装，文本呈现的内容、观点和思路应当是正确的、到位的，文本形式也应比较美观，使人阅之成悦。从律师技艺的角度来说，法律功底和文本撰写是律师的内在，沟通和表达是律师的外在，内外兼修，方能成为一名优秀的律师。

谨以此序，祝贺《诉之有道：金道典型案件和项目承办策略与技艺（2024）》的出版！愿读者能从书中的一个个诉讼案件与非诉项目中有所收获，也感受到金道律师"为客户寻求法律问题的最佳解决之道"的精神。

中共浙江省委建设法治浙江专家咨询委员会委员

浙江省人大常委会咨询专家

浙江金道律师事务所首席合伙人

胡祥甫

2024 年 4 月 28 日

Contents 目录

第一部分　方法论篇

投资理财产品“爆雷”诉讼策略研究
——以侵权责任之诉为视角 / 003

2023 年《公司法》修订对企业家财富传承和管理的影响 / 017

企业商标合规风险防控项目办理之道 / 030

离婚诉讼案件代理之道 / 044

从政府法律顾问角度谈招商引资协议的审查要点 / 059

律师为企业提供公共法律服务的现实困境与解决路径 / 070

第二部分　诉讼案件篇

破而后立，历经四审，施工单位破产情形下实际施工人起死回生之路
——一起标的额 1 亿多元的实际施工人和国企城投公司之间的建设工程施工合同纠纷办案纪实 / 085

妥善处理历史遗留问题，维护民营企业合法权益
——某无证商业大厦产权归属纠纷办案纪实 / 095

高效保全　精准定性　助推旅游业高质量发展
——某十亿元合伙份额回购纠纷案件办案纪实 / 103

国企“遇险”律师临危受命　法院“改判”刑民得以两全 / 110

7000 万元基金投资血本无归谁来赔　律师剑指基金管理人
——基金合同纠纷系列仲裁案件纪实 / 116

历时三年迂回曲折　千万执行款终到位
——一起超复杂执行案件的办案纪实 / 121

树立“如我在诉”执业理念　充分发挥律师能动作用
——一起股权转让纠纷案代理纪实 / 129

一念之差险酿十年重罪　一朝转变终化危机轻判
——记一起险象环生的罪轻辩护案件 / 148

抽丝剥茧寻证据　精准阻击终获胜
——一起工期纠纷案施工方代理纪实 / 159

法与理的博弈
——记一起贩卖新型合成大麻素制品案件的辩护思路 / 168

仲裁协议效力扩张理论对诉讼中第三人的创新运用
——记一起炼化装置营运期统括保险追偿权案 / 174

第三部分　非诉讼项目篇

离婚财产分割的谈判策略
——以一上市公司实控人的离婚纠纷为例 / 191

律师管理数亿元遗产操作实务 / 197

律师参与地方立法的优势与途径／204

H 公司证券虚假陈述调解项目办理纪实／214

后　记／226

第一部分

方法论篇

投资理财产品“爆雷”诉讼策略研究

——以侵权责任之诉为视角

陆 原[1] 金 亮[2]

[1] 陆原，金道律师事务所权益合伙人，工商管理硕士。

[2] 金亮，金道律师事务所实习律师，法学学士。

一、前　言

近年来，各类机构所发行或销售的投资理财产品（以下简称资管产品）逾期兑付事件频繁发生，市场上充斥着各种企业的“爆雷”新闻。例如“中植系”产品兑付暂停，涉债权权益金额达2300亿元。受此影响，有多家上市公司披露其购买的中融信托产品出现逾期兑付情况，引发市场热议。又如，联储证券旗下多款资管产品出现兑付危机，等等。多年以来，资管领域不成文的“刚兑”潜规则使投资者对于资管产品本身的市场风险认识不足。2018年发布的《人民银行　银保监会　证监会　外汇局关于规范金融机构资产管理业务的指导意见》（以下简称《资管新规》），禁止刚性兑付、禁止通道业务、禁止多层嵌套资管产品。2019年，最高人民法院发布《全国法院民商事审判工作会议纪要》（以下简称《九民纪要》），在重申上述规则的基础上，更是强调必须坚持“卖者尽责、买者自负”的原则。“刚兑”在监管层面以及司法层面已经被明确禁止。而房地产行业下行压力的加大又增加了各类资管信托产品催收、变现的难度。目前，资管行业正处于“去刚兑”的市场转型期，潮水退去，留下一地鸡毛。除有限的“爆雷”案件进入刑事程序而由国家处理外，大多数案件仍属于民事纠纷，需要投资者自力救济。而投资者在投资理财产品时，往往会签一堆格式合同文件，这些合同文件单从文本来看，都是从各类标准模板演化而来。在出现纠纷时，投资者仅凭格式合同条款约定，是很难找到有利于自己的条款的，那么投资者将如何进行维权应对呢？值此“3·15”国际消费者权益日之际，金道律师为投资者带来本文，从侵权责任之诉角度为投资者指点一条靠谱的维权路。

二、侵权责任之诉与其他维权路径的比较

根据案例检索结果显示，各地法院将金融资管类案由分散在金融委托理财合同纠纷、私募基金合同纠纷、财产损害赔偿纠纷等案由中。在各类资管纠纷案件中，整体包含缔约过失之诉、违约之诉和侵权之诉三类诉讼。以下通过比较上述三类不同诉讼路径，从适用条件、适用情形、举证重点等方面进行探究，为资管产品投资者维权提供实践路径。

（一）侵权责任的构成要件

根据我国司法实践普遍观点，侵权责任的构成要件包括行为人的过错、行为与损害结果的因果关系、存在损害结果、行为的违法性四项。其中，管理人、托管人承担侵权责任的举证重点是违反当事人之间的相关合同约定或者法律法规的相关规定，因过错存在侵权行为并与投资者的财产损失存在因果关系。如（2017）最高法民终880号案中所示，法院认为上诉人G联社不仅未举证证明损失的具体情况，而且未证明S证券、S信托在履行委托合同、信托合同中的过失情形，以及该过失与所造成损失之间的因果关系，因此对上诉理由不予支持。

（二）缔约过失责任、违约责任和侵权责任的选择

从法律体系角度来看，《民法典》合同编第2章规定了缔约过失责任，第8章规定了违约责任，属于同一法律关系的不同阶段责任；而侵权责任编规定了所有侵害民事权利而产生的民事关系内容，并不局限于合同法律关系。因此，违约责任和缔约过失责任不存在竞合，而二者和侵权责任均

可能存在竞合。

典型的资管产品交易结构为投资者委托管理人投资目标资管产品，通过该资管产品投资底层资产（如债权、股份等），由托管人负责资金保管，到期后对标的资产进行处置。

缔约过失责任出现于投资者购买资管产品（签订合约）阶段，而违约责任及侵权责任出现在合同成立后的投资管理阶段。

根据《民法典》中的规定，主张缔约过失责任仅需存在信赖利益损失即可，而主张违约责任和侵权责任均要求存在实际损失。因此无论投资者向管理人、托管人主张违约责任还是侵权责任，原则上必须以资管产品到期并经过清算程序确定投资者损失已发生为前提；存在一种例外的情况，如资管计划未经清算完毕，但存在各种证据证明投资者损失的发生具有高度盖然性，同时等待清算完成，再行确认当事人损失不具有现实可行性的情况下［如（2021）沪74民终1743号案①］，也可以推定存在损失。

对于投资者能否突破资管合同相对性，向底层交易对手方/发行方主张权利的问题，有观点认为，如认定为委托关系，根据《民法典》第925条、第926条的规定，可以直接起诉底层交易对手方/发行方；如认定为信托关系，则较难提起违约之诉或侵权之诉。但在目前《资管新规》的环境下，监管机构的态度更加倾向于将资管基础法律关系界定为信托法律关系，投资者较难向第三人主张权利。如《九民纪要》第88条明确规定了其他金融机构开展的资产管理业务构成信托关系的，当事人之间的纠纷适用信托法及其他有关规定处理。

从侵权责任的角度分析，有观点认为在资管合同或类似协议中未明确约定托管机构权利义务的情况下，投资者还可以以共同侵权为由同步追究

---

① 本案中法院认为，基金的清算结果是认定投资损失的重要依据而非唯一依据，有其他证据足以证明投资损失情况的，人民法院可以依法认定损失。

托管人的连带责任。

三、侵权责任之诉的适用情形

（一）违反适当性义务的侵权责任

适当性义务在《资管新规》第6条表述为：金融机构发行和销售资产管理产品，应当坚持“了解产品”和“了解客户”的经营理念，加强投资者适当性管理，向投资者销售与其风险识别、风险承担能力相适应的资产管理产品。禁止欺诈或者误导投资者购买与其风险承担能力不匹配的资产管理产品。因此，资管产品在募集、销售过程中，销售机构有了解客户、了解产品、风险匹配和告知说明的义务。如果销售机构违反适当性义务，投资者可以因此起诉销售机构或同时起诉销售机构和管理人，要求承担单独或共同/连带的赔偿责任。

在徐某与P银行财产损害赔偿纠纷案①中，2015年3月，P银行作为代理销售机构，其理财经理马某向徐某（时年61岁）推介了案涉理财产品“甲资产管理计划”并提供了客户风险等级评估等服务，徐某据此购买了案涉理财产品，认购金额为3,535,000元。徐某的《客户风险承受能力调查表》中，其风险偏好勾选为稳健型，《客户风险承受度评估报告》评估结果为平衡型。但P银行向其推介的案涉理财产品为高风险，风险等级远高于徐某的风险承受能力评级。2016年1月至3月，“甲资产管理计划”回款共计2,798,825.36元，亏损736,174.64元。基于此，徐某向人民法院提起诉讼，要求P银行承担赔偿责任。

---

① 北京市第二中级人民法院（2018）京02民终7731号案件。

对此，法院认为P银行向徐某推介该理财产品与徐某经济损失的发生存在法律上的因果关系。主要依据为：（1）徐某签字同意并填写《客户风险承受能力调查表》的行为与P银行充分履行风险提示义务并不等同，双方签署相关表格仅构成一种“形式化的合意”。（2）金融机构主张徐某拥有理财产品购买经验，属于专业投资者的观点；法院则认为徐某之前购买的理财产品类型与案涉理财产品的运作机制和风险特点明显不同，故支持了徐某主张的其为非专业的普通投资者，不了解熟悉案涉理财产品特殊风险结构的观点。据此，法院认为P银行未以充分、必要、显著的方式向徐某揭示案涉理财产品本身所具有的高风险，不适当地向徐某进行推介，违反了适当性义务。

对于徐某经济损失和P银行过错之间的因果关系，法院认为P银行不适当的推介“极大地增加了徐某经济损失发生的客观可能性，且案涉理财产品的高风险随后被现实化”，因此该推介行为与徐某的经济损失之间构成法律上的因果关系。最终，法院酌定P银行对徐某的财产损失承担20%的赔偿责任。

《最高人民法院关于当前商事审判工作中的若干具体问题》中指出，告知说明义务是“适当性”义务的核心，是金融消费者能够真正了解产品和服务的投资风险和收益的关键。《九民纪要》第76条规定，告知说明义务履行与否要综合理性人理解的“客观标准”和金融消费者理解的“主观标准”来确定。

实践中普遍认为，告知说明义务并非一成不变。如从事金融投资交易的投资者，相比于缺乏投资经验的普通投资者和高龄投资者，适当性义务的标准要更低；对风险系数较高的金融产品，应向金融消费者进行更细致的解释说明和风险提示。本案中的“专业投资者”之争，《证券期货投资者适当性管理办法》第8条中规定，同时满足金融资产不低于500万元或最近3年个人年均收入不低于50万元，以及具有2年以上投资经历的投资者为专业投资者，本案中，徐某因对案涉理财产品并不了解而未被认定为专业投资者，也是案件胜诉的关键。

然而，违反适当性义务并不必然导致侵权责任。相反的是，《九民纪要》征求意见稿中曾将违反适当性义务定性为违反先合同义务，认为适当性义务的本质为诚信义务在金融产品销售领域的具体化，主要体现为先合同阶段的诚信义务。因此，违反适当性义务承担的民事责任为缔约过失责任。如王某与某网络科技股份有限公司、某股权交易中心有限责任公司案[①]中，法院认为：原告认为两被告的行为违反了适当性义务，主张权利系基于侵权民事法律关系的请求权基础错误，裁定驳回原告起诉。对此，可以认为在司法实践中，法院倾向于将此类行为定性为缔约过失。

（二）金融机构员工私售，机构承担侵权责任

金融机构的工作人员涉嫌非法吸收公众存款罪或集资诈骗罪，通过虚构或违规推销资管产品，使投资者产生错误认识进行购买，造成财产损失。在该情形下，如果金融机构在内部管理存在疏漏，违反审慎经营规则，未发现其员工私售基金等资管产品的情形下，需要在一定比例的过错范围内向投资者承担赔偿责任。

如H银行与朱某侵权责任纠纷案[②]中，作为H银行客户经理的申某（犯非法吸收公众存款罪，已另案处理）向朱某私售“Z基金”理财产品，H银行应当能够预见并采取相应措施避免其员工私售行为所带来的风险，但客观上该行却未能通过有效的内部控制措施及时发现申某的私售行为。对此，法院判决H银行在20%的过错程度范围内先行承担赔偿责任。

---

① 上海市静安区人民法院（2020）沪0106民初31198号之一案件。

② 北京市第一中级人民法院（2023）京01民终3920号案件。

在某些情况下，金融机构甚至可能因员工私售行为符合表见代理的构成要件，被法院判决承担全部赔偿责任。在牟某与Z银行B支行、C支行侵权责任纠纷案[①]中，刘某（时任Z银行B支行人力资源部员工）向牟某推荐并购买了由甲信托公司投资发行的乙信托理财产品，将牟某Z银行账户中800,000元通过网银支付至甲信托公司投资在L银行的账户。截至2015年11月6日，牟某始终未收回投资本金。2016年1月26日，省银监局给牟某出具的《书面答复材料》表示："Z银行B支行未代销'乙信托'产品，与该产品的销售公司无业务合作关系。"嗣后，牟某多次与Z银行B支行、C支行、刘某协商索赔未果，遂请求法院追究Z银行B支行、C支行的侵权责任。

对此，法院认为案件的争议焦点是刘某的行为是否构成表见代理。本案的特殊之处在于，刘某以Z行员工身份在C支行的工作场所、工作时间向牟某推荐并操作该行设备售卖案涉所谓"理财产品"，其银行工作人员的身份增加了侵权的可能性与危险性。考虑到刘某作为前经理在Z银行的职位和业务范围，牟某尚难以其他更为便捷的手段核实刘某的代理权限和理财产品的真伪。Z银行未提交证据证明刘某的工作职务为大众所知，法院认为要求牟某自身有能力发现刘某存在无权代理行为是"未免过苛"的。

此外，法院认为C支行作为专业金融机构，对员工利用特殊身份进行侵权应具有更高的风险防范意识与能力。因C支行内部管理不善，未发现员工的违规操作行为，造成牟某利益受损。牟某出于对Z银行管理经营状况的信任，有理由相信刘某属于有权代理，相信刘某代表Z银行与其达成的合约意思表示真实有效。据此，刘某的行为构成表见代理，其法律责任

---

① 甘肃省高级人民法院（2021）甘民再31号案件。

应由 C 支行承担。

因此，尽管表见代理的认定条件相对严苛，行为人无代理权、有使相对人相信行为人具有代理权的权利外观、相对人为善意的条件缺一不可，但法院认为专业金融机构对员工利用特殊身份进行侵权应具有更高的风险防范意识与能力，对于投资者应当熟知金融机构内部人员变动、理财产品真伪等持否定态度。此时法院更加倾向于在投资者不存在明显恶意的情形下推定投资者的善意购买行为，并支持投资者的损害赔偿主张。

从举证责任的角度来看，金融机构如果不能够举证自身对员工活动场所的管理、使用金融机构设备进行操作的监控等尽到了完善的管理义务和审慎义务，则应当承担相应的赔偿责任。尽管机构并非因资管合同承担侵权责任，但法院的态度倾向于参照《九民纪要》第 94 条对受托人举证责任倒置（由受托人举证证明其已经履行了义务）的规定，要求金融机构承担举证不能的后果。

（三）违反信义义务的侵权责任

《信托法》第 25 条规定了受托人的信义义务，包括为受益人的最大利益处理信托事务，恪尽职守，履行诚实、信用、谨慎、有效管理的义务。信义义务又包括忠实义务（诚实信用）和勤勉义务（注意义务）两项基本义务。通常认为在资管业务中，管理人的忠实义务包括禁止谋取私利、避免利益冲突、公平交易、信息披露义务；勤勉义务包括投资前的尽职调查、谨慎投资义务，管理产品时的审慎运营和风险管控义务。

违反信义义务案件的举证过程中，举证投资者实际损失相对而言较为明确，而举证管理人、托管人存在过错，并且该过错与实际损失存在因果关系则较为困难。即使《九民纪要》将履行信义义务的举证责任归于受托人，但因果关系的认定更加取决于法院的自由裁量权。如江某与 M 银行财产损害赔偿纠纷案[1]中，法院认为："仅因购买＊ST股票的行为，不足以造成信托单位净值低于止损线被强制平仓的整体投资后果，即上述各方虽有过错，但与信托单位净值低于止损线之间不存在法律上的因果关系，故江某的上述主张不予支持。"

在刘某与L证券公司等财产损害赔偿纠纷案[2]中，L证券作为委托人与K信托作为受托人签订《信托合同》，该信托计划目的是K信托以信托资金受让D公司子公司深圳D公司100%股权的股权收益权，向L证券分配信托利益。刘某签订的《资管合同》约定其为委托人，L证券为管理人，认购该资管计划600万元。然而，D公司和担保人多次违反《回购合同》的规定，违规质押融资，持有股票被冻结，偿债能力下降。担保人担保能力下降后资管计划和信托计划均提前终止，刘某的委托资金到期未获得兑付。据此，刘某诉至法院，要求L证券公司承担赔偿责任。

法院认为，本案的争议焦点在于侵权责任的构成要件是否满足。关于过错，L证券公司作为受托人应当履行诚实信用和勤勉义务。在D公司和担保人多次违反《回购合同》规定的情形下，L证券公司作为专业金融投资机构，对于案涉资管计划的风险控制未尽专业审慎的注意义务，对D公司等违反合同的行为没有及时披露、控制风险，亦未采取积极有效的措施维护原告合法利益。同时，根据中国证监会出具的《行政监管措施决定书》，被告L证券公司存在"部分资管计划信息披露不及时、销售不规范、份额种类划分不当、合同条款缺失、资管业务内部控制不到位、部分资管计划投资比例超标"等具体违规行为，存在一定过错。

关于因果关系，法院认为原告基于信赖被告L证券公司的资产管理能力而投资案涉资管计划，但L证券公司履行《资管合同》的过程中未严

---

① 北京市第二中级人民法院（2018）京02民终6942号案件。

② 上海金融法院（2022）沪74民终491号案件。

格、谨慎地遵循法律和行政法规，同时存在信息披露不及时、风险控制措施不完善的问题，故L证券公司的侵权行为和原告的财产损失之间存在因果关系。法院最终酌定被告对原告本金承担30%的赔偿责任。

在张某、Z资本管理有限公司与某证券公司、王某等财产损害赔偿纠纷案①中，Z资本管理有限公司对申请撤销基金备案等属于明显影响投资者合法权益的重大信息未尽到告知义务。对此，法院认为基金管理人未履行诚实信用、谨慎勤勉义务，具有重大过错。而对于因果关系，法院认为“如果Z资本管理有限公司于撤销案涉基金备案后至暂停交易前履行信息披露义务、终止基金合同、成立清算小组进行清算，亦不至于导致目前基金无法结算的后果”，从而认定过错行为损失之间具有因果关系。

证明管理人存在过错，须证明管理人违反信义义务中的某一项或几项，如信息披露、审慎运营义务等；而证明该过错与损失结果具有因果关系，须证明如果管理人遵守信义义务、履行过程中不存在过错，则财产损失、无法清算等负面后果不会发生。根据民法理论，如果该违反信义义务的行为和投资者损失之间具有相当的因果关系，即作为损失发生的不可欠缺的条件和增加了损失发生的“客观可能性”，则可以认为存在因果关系。

（四）通道业务受托人承担侵权责任

依据《九民纪要》第93条的规定，由双方在信托文件中约定委托人自主决定信托各类事宜，自行承担信托资产风险，受托人仅提供必要的事务协助或者服务，不承担主动管理职责的，属于通道业务。

2018年《资管新规》发布之前，信托公司的通道业务并不违反监管规定。而《资管新规》第22条规定金融机构不得为其他金融机构的资产管

① 江苏省南京市中级人民法院（2020）苏01民终5949号案件。

理产品“提供规避投资范围、杠杆约束等监管要求的通道服务”，这在原则上禁止了金融机构开展通道业务。根据“新老划断”的原则和《九民纪要》的规定，过渡期被设定为截至2020年年底。过渡期后，违反该监管条例的通道业务将无效，此类纠纷案件将仅限于2020年年底之前开展的存量通道业务。

2020年全国法院十大商事案例中的H信托有限公司、吴某财产损害赔偿纠纷案[①]，又被称为“通道业务判赔第一案”。本案法院认为通道业务中信托公司仍应当履行最低限度的审慎义务，否则应当承担侵权责任。

该案中，Y公司（委托人）与H信托签订《单一资金信托合同》。吴某提供的《某投资基金项目募集文件》载明产品类型为“H信托单一资金信托贷款有限合伙基金”，吴某向Y公司的账户汇款100万元购买基金。在信托项目进行期间，H信托出具《项目风险排查报告》，载明Z公司“财务状况良好，由建设的多项目保障营收稳定；保证人L公司的现金流充足，项目去化速度令人满意，担保意愿正常，担保实力佳。项目风险可控，未发现重大风险事项”。然而，中国银监会出具的《行政复议决定书》中表示：“H信托在管理上述信托计划时存在对机构委托人未作充分调查，对其委托资金来源的调查流于形式，对该信托计划的委托资金来源未尽到合规审查义务，违反审慎经营规则……”同年，Z公司实际控制人、法定代表人涉嫌犯集资诈骗罪、非法吸收公众存款罪，被判处有期徒刑十五年，上述投资基金项目实为伪造。据此，吴某向法院起诉要求H信托有限公司承担赔偿责任。

法院认为，根据合同约定《单一资金信托合同》属于通道业务。按照《资管新规》发布之前的法律法规，信托公司对委托人自主提供信托资金

---

① 上海金融法院（2020）沪74民终29号民事判决书。

来源的业务，不存在审查和管理的义务，但信托公司仍有“审慎管理的内部要求”和“审查委托人资金的规范要求”。H 信托因对于资金来源和信托业务未尽到必要的注意义务，对吴某等投资者投资被骗受损负有一定责任。而且 H 信托虽无义务对项目开展尽职调查，但信托关系存续期间，H 信托在未尽到尽职调查义务的情况下就违规出具了事后证明内容明显虚假的《项目风险排查报告》。法院认为 H 信托出具虚假调查报告的行为属于独立从事信托管理，未尽到合理注意义务，客观上对投资者造成了蒙骗和误导，因此应对投资者损失负有一定责任。H 信托在开展信托业务中确实存在违反审慎经营原则的情况，存在一定程度上的业务管理过错，与投资者吴某的损失存在因果关系，最终法院酌情认定 H 信托对吴某的损失承担 20% 的补充赔偿责任。

然而，法院并未对通道业务的合同效力进行否认。二审法院对于信托公司是否有义务进行项目合规性审查并开展尽职调查，以及对信托财产的监管方面，纠正了一审法院的观点。对于案件的因果关系，一审法院认为，若 H 信托能够按照相关信托法律和规定，对信托资金来源进行认真审查，对信托项目进行尽职调查……原告的资金也不会因此受到损失。对于主观过错，一审法院认为即使本案的信托履行属于被动事务管理型信托，H 信托也应当审慎尽职地履行受托业务的法定责任。二审法院对此则认为：（1）依照当时的法律法规，信托公司对委托人提供的信托资金来源并无核查的义务；（2）根据信托合同约定，H 信托在系争信托产品运行过程中确实无义务对项目开展尽职调查；（3）根据信托合同约定，H 信托……不负有主动管理的职责，也不承担贷款风险。

从法院的上述观点可以看出，2020 年年底前的通道业务合同效力在不违反法律强制性规定和当事人约定的情况下，应属有效。但是，该类通道业务中委托人和受托人之间的权利义务关系，应依据信托文件的约定加以确定，受托人在通道业务中如违反审慎经营原则，仍应承担相应的赔偿责任。

四、总 结

目前的金融资管纠纷中，侵权责任纠纷从数量上看虽不属于资管产品纠纷的主要维权路径，但其贯穿金融资管“募、投、管、退”全流程，以及其与缔约过失、违约责任存在竞合的特点，应引起投资者、金融机构的重视。

对于金融机构而言，应当在发行、销售过程中严格履行适当性义务，禁止向投资者推荐与其风险承受能力不相匹配的资管产品；尤其应当做好员工管理和风险防范，防止员工因私售资管产品或涉嫌犯罪承担过错责任。在投资、管理过程中，应当严格履行诚实信用、谨慎勤勉的信义义务，对于应当披露的信息应及时披露，做好尽职调查，禁止违规出具项目风险报告等文书。

对于投资者而言，应当理性认识资管产品自身存在的市场风险，对目前《实施意见》环境下禁止刚性兑付和“卖者尽责、买者自负”的原则有所认知，根据自身情况选择合适的金融产品。在管理人等主体可能存在侵权行为后，应当及时收集管理人等主体存在过错的证据，并证明自身损失与其过错具有因果关系，以保障自身的财产权益。

2023年《公司法》修订对企业家财富传承和管理的影响

郑海丽[1]

[1] 郑海丽，金道律师事务所权益合伙人。

2023 年 12 月 29 日修订的《公司法》于 2024 年 7 月 1 日起施行，这次革新对我国现有的 4300 多万家公司将产生深远影响。2023 年《公司法》总计 266 条，其中第 42 条至第 90 条是对有限责任公司的规定，第 91 条至第 167 条是对股份有限公司的规定。整体来说，2023 年《公司法》从便利公司投融资、优化治理机制、强化各方主体责任、打造中国现代企业制度、法助营商等角度出发，完善了原有法律的不足，旨在规范公司、股东、董监高、公司治理与外部行为等，以更好的营商环境来维护社会经济秩序。

俗话说“无股不富”，股权类资产是高净值人士或家庭最核心、最重要的资产，而股权传承是财富传承中的重要内容。近年来，中产家庭、高净值人士对财富传承和管理的需求越来越大。本文从瑕疵出资股权继承案例出发，由此延伸出瑕疵出资股权存在的系列法律风险，进而阐述 2023 年《公司法》对财富传承和管理中的股权传承的影响。

一、2023 年《公司法》制度下律师的财富传承和管理实务内容

在 2023 年《公司法》制度下，围绕企业家资产保护和风险隔离的财富传承和管理诉求，律师的主要作用是从企业家的婚姻家庭关系、公司股权、投资经营、资产结构、企业家担任董监高的法律责任、企业合规治理等角度出发，在对企业家的身份状况、财产状况进行尽职调查后，从企业家全局化考量，为其提供合法合规的建议，并对其诉求作出相应的事务性

安排。

我们主要围绕下列内容（见图2－1）开展律师业务，其中第1－5项实务内容和2023年《公司法》直接相关，我们已从2023年《公司法》的思路调整了未来业务的方向。

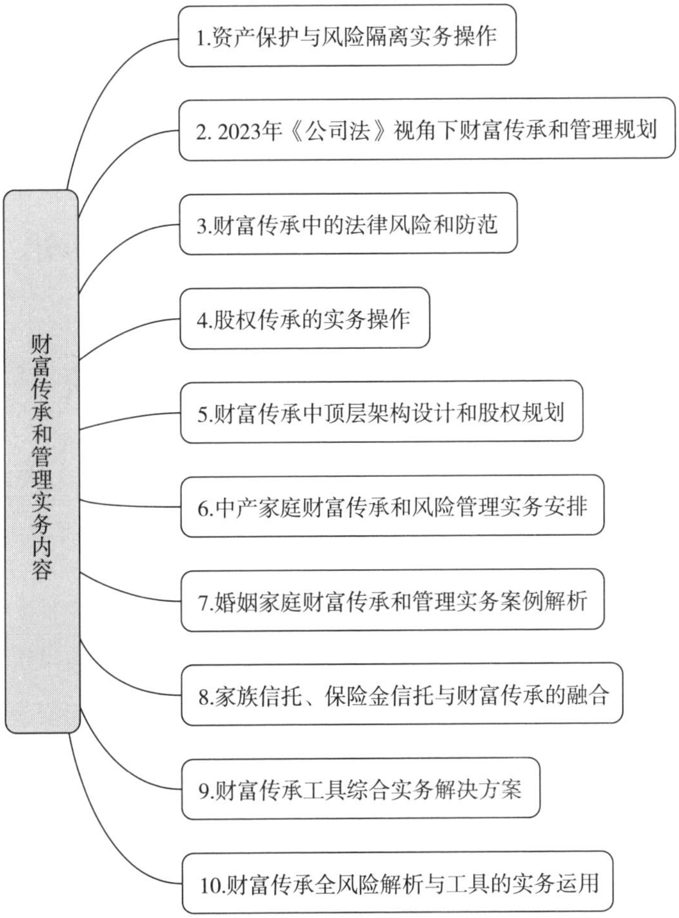

图2－1　律师的财富传承和管理实务内容

在财富传承和管理过程中，企业家们需重点关注四种人，即枕边人、接班人、合伙人和债权人。企业家会因婚变导致股权被分割，会有股权代际传承问题，会有因股权转让而与合伙人之间发生纠纷问题，会因经营不规范导致企业债务与个人债务混同问题，也会因涉及合规问题承担法律责任等。

要想为企业家处理好上述事务，需要婚家财、公司法、税务、投融资、刑事、涉外等多种专业律师协同合作，厘清企业家的身份关系、婚姻家庭关系、财产关系；为企业家培训法商知识；为企业设计出合适的股权架构，安排好股权出资、股权转让事项；在企业债务和个人债务之间筑起防火墙；并在投融资、股权、税务、财富传承等多方面作出综合规划。不管企业家出现哪种问题，我们都将以 2023 年《公司法》的视角，重新审视企业家的财富传承维度，让他们实现资产保护、风险隔离的传承目的。

二、2023 年《公司法》对瑕疵出资股权继承的影响

（一）什么是瑕疵出资？

瑕疵出资是指股东未履行或未全面履行公司章程约定的出资行为，从 2023 年《公司法》第 49 条、第 50 条来看，有限公司瑕疵出资包括两种情形：（1）股东未按照章程的规定按期足额缴纳出资；（2）股东以非货币财产出资的，实际出资的非货币财产的实际价额显著低于所认缴的出资额。如果股东未按期足额缴纳货币出资的，除应当向公司缴足外，还应当对给公司造成的损失承担赔偿责任。另外，在有限公司设立时，股东瑕疵出资的，设立时的其他股东与该股东在出资不足的范围内承担连带责任。

有观点认为股东抽逃出资也属于瑕疵出资行为，由于篇幅有限，本文以一案例来讨论有限公司瑕疵出资股权继承问题。

（二）瑕疵出资股权继承实务案例

1. 案情简介

请先看案例阅读导图（见图2-2）。

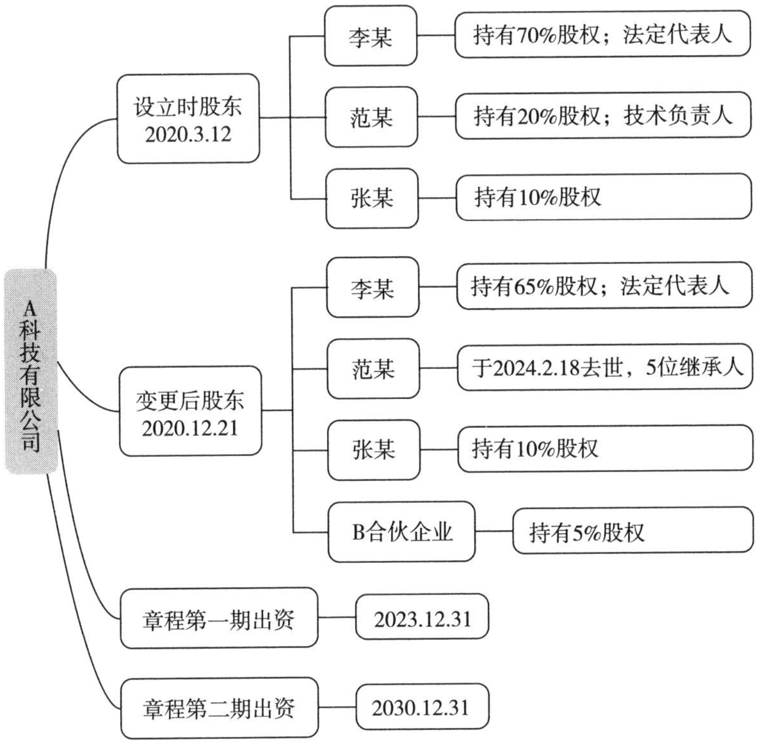

图2-2 案例阅读

2020年3月12日，李某、范某、张某三位股东共同创办了A科技有限公司（以下简称A公司），A公司属于半导体新兴行业，公司注册资本1000万元，其中李某认缴出资700万元，持有公司70%股权；范某认缴出资200万元，持有公司20%股权；张某认缴出资100万元，持有公司10%股权。2020年12月21日，李某将名下5%股权转让给B合伙企业，该企业作为未来员工持股平台，李某担任GP（普通合伙人），合伙企业认缴出资50万元，持有公司5%股权。

公司章程规定股东第一期按30%注册资本出资，出资期限为2023年12月31日前；股东第二期按70%注册资本出资，出资期限为2030年12月31日前。截至第一期出资期限到期，李某、张某及B合伙企业均已完成出资，而范某自2023年12月初查出癌症晚期后，至2024年2月18日去世前，未完成第一期出资。

范某去世时56岁，是A公司的技术负责人。甚至在他被送进重症加强护理病房抢救前，因家人担心其精神崩溃，均对其隐瞒病情。作为合伙人的李某、张某曾多次友善提醒范某家人，让范某在生前把股权事项安排妥当，但均未能落实。在第一期出资期限到期后，A公司曾让范某家人完成出资，家人以范某治病需资金而暂无力出资为由，一直未能完成出资。

A公司成立三年多来，在范某去世前，公司的高新产品已处于调试状态，公司处于向上发展的势头。从2023年10月起，陆续有VC（风险投资）、PE（私募股权）等投资人来洽谈投资业务，投前估值约8000万元。如果范某无法到岗，公司将引进新的技术团队，也将通过增资的方式给新技术团队、新投资人股权。

范某去世前未留下任何遗嘱，法定继承人为妻子、读大二的女儿、未成年儿子、父母共计五位。范某妻子在A公司从事行政工作。

2. 范某股权传承考量问题

（1）查阅章程是否对股权继承有特殊约定。2023年《公司法》第90条是对有限责任公司股权继承的规定，即自然人股东死亡后，其合法继承人可以继承股东资格；但是，公司章程另有规定的除外。

我们见过不少章程对股东资格继承作了特殊约定。有的章程中约定股权不得由法定继承人继承，只能对内或对外转让；有的章程约定需除去世股东外其他三分之二以上股东表决同意后才有继承股东资格；还有的章程对瑕疵出资股权不得继承作了约定。故针对本案中范某股权传承事项，首先要查阅章程中是否对股东继承资格有限制性或禁止性约定。如果章程有特殊约定的，应遵从其约定。经查询后，发现 A 公司的章程未对股权继承作出特殊规定，没有约定其他股东可行使优先购买权，也未要求在继承前应完成实际出资。

（2）确认范某股东资格。2023 年《公司法》第 56 条规定了有限公司应当置备股东名册。在股权继承方案制订之前，律师需查阅 A 公司工商内档，一是为了确定股东是记名股东还是隐名股东，二是查验是否有股权转让记录，以确定股东是创始股东还是继受股东。律师查验股东名册的目的也是确认范某股东资格是否存在争议。

我们团队曾办理过继承纠纷案。当我们代表继承人向公司及股东发出继承股权请求时，若公司告知其他股东对被继承人的股东资格有争议，这时候一般会有两种情况：一是继承人之间就股权份额的划分达成一致意见，以股东资格确认纠纷为案由去确认股东资格；二是继承人之间对股权份额的划分难以达成一致意见，又去起诉要求继承股东资格。由于确定股权继承份额与股东资格确认不属于同一法律关系，如果继承人未就股权分割达成一致意见，亦未通过诉讼确认各自应继承的股权份额，则两个案件不适合一并处理。

我们通常的做法是先确认股权的继承份额，再确认继承股东资格，以想继承股东资格的继承人作为原告，公司作为被告，与争议股权有利害关系的人作为第三人，案由为股东资格确认纠纷，由公司住所地法院管辖。针对继承案中股东资格确认纠纷，原则上不适用诉讼时效的规定。

（3）确定股权继承方式。在范某股东资格清晰的情况下，继承人有资格继承股权。《民法典》第 1123 条规定：“继承开始后，按照法定继承办理；有遗嘱的，按照遗嘱继承或者遗赠办理；有遗赠扶养协议的，按照协议办理。”本案中范某未留下遗嘱，生前也未与他人签订遗赠扶养协议，故按照法定继承方式继承股权（见图2－3）。

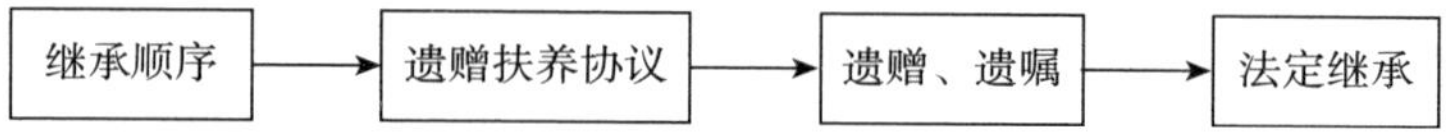

图2－3　继承顺序

（4）确定继承人身份。目前范某第一顺位继承人为五人，分别是妻子、女儿和儿子、父母（见图2－4）。

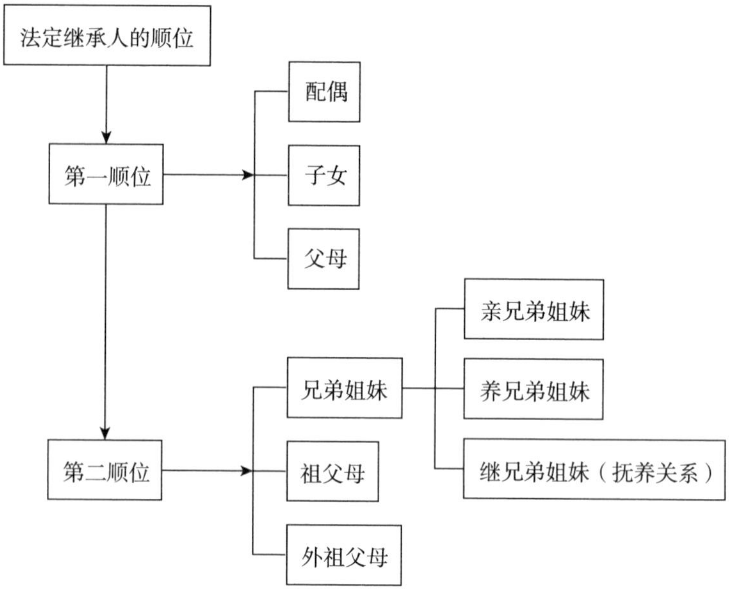

图2－4　继承顺位

（5）核查是否有禁止或限制继承的继承人。如公务员、现役军人、党政机关干部和职工等，目前是禁止成为公司股东的，五位继承人中均不存在上述情形。由于范某儿子是未成年人，《公司法》并未规定要求股东必须具有完全民事行为能力，而无民事行为能力或限制民事行为能力的继承人，股权可由其法定代理人代理，故范某儿子在继承股东资格后，可由范某妻子代理。

游族网络股份有限公司（以下简称游族网络，股票代码 002174）创始人林某在 2020 年年底遭同事投毒不幸身亡，年仅 39 岁。林某生前直接持有游族网络股份约 2.2 亿股（当时遗产价值近 30 亿元），经继承权公证，林某父母放弃继承林某生前的股份，由其三名未成年子女共同继承，继承人成为“娃娃股东”。林某前妻许芬芬是继承人的母亲、法定代理人、监护人，在股份继承、权益变动完成后，许芬芬成为游族网络实际控制人。

鉴于“娃娃股东”多数无法自发参与公司经营与管理，公司会要求股东先明确一位法定代理人，来代理股东的日常管理。故如因法定代理人在代为行使股东权利而产生相关赔偿责任的，我们认为应由其法定代理人承担赔偿责任，而不应当动用未成年人个人财产来赔偿。

为避免法定代理人或监护人存在变动对公司经营产生影响，也避免法定代理权的失控与滥用，律师建议通过公司章程或股东会决议的方式，必要时建立“娃娃股东”的表决权委托机制，即将“娃娃股东”的表决权委托给其他股东行使，以确保公司治理的稳定。“娃娃股东”如委托其他股东代为行使表决权的，为了减轻“娃娃股东”的责任承担，公司内部可以考虑在相关分红与剩余财产分配问题上优先考虑其利益。无论如何，2023 年《公司法》均赋予公司内部自由管理机制。

（6）确定继承人继承股权意愿。如果允许不具备公司经营管理能力的股东参与公司经营、决策，也可能导致公司运营出现混乱。本案中范某父母不愿意继承股东资格，范某父母书面放弃对范某向 A 公司出资取得的收益中的遗产份额，希望能让孙子孙女多分遗产，也放弃股东资格继承权。请注意，继承人放弃继承的意思表示应当在继承开始后、遗产分割前作出，遗产分割后表示放弃的不再是放弃继承权，而是放弃所有权。遗产处理后，继承人对放弃继承反悔的，法律上不予承认。

我们团队处理过长辈继承人放弃继承股权的案件。通常情况下，我们会建议放弃继承的继承人在放弃声明中附条件地明确“如果在继承人仅有前述几位继承人的情况下”，则放弃对某公司股权的继承，以免在放弃继承后出现新的继承人，而新的继承人可能不是放弃继承的人所愿意看到的。

对于公司来说，如果出现继承人不愿意或无法继承股东资格，其他股东、非公司股东的其他人均不愿意受让死亡股东股权的情况时，公司可以考虑作减资处理，将死亡股东的股权折价变现资金，再交由继承人继承。

（7）瑕疵出资股权遗产分割。继承人继承股权既包括财产性权益，又包括继承股东资格。由于范某夫妻结婚多年，范某持有A公司的股权属于夫妻共同财产，只有一半为范某的遗产。本案中财产性权益及股东资格由范某的妻子及两个子女继承。继承可以通过公证继承的方式进行，再由公司配合完成工商变更登记手续。

三、瑕疵出资股权的系列法律风险

（一）新股东的出资义务

由于A公司处于上升期，范某妻子又在公司工作，故母子三人继承范某的股东资格也在情理之中。但A公司章程规定股东应在2023年12月31日前完成第一期出资，而范某一直未能缴纳，现在瑕疵出资股权已由三人共同继承，三人已成为新股东，故该出资义务应由三人共同承担。继承人继承股权后，应当以实际继承的遗产为限，承担出资义务，当然也可自愿承担更多出资义务。

（二）瑕疵出资股东的赔偿责任

2023年《公司法》第49条第3款规定：“股东未按期足额缴纳出资

的，除应当向公司足额缴纳外，还应当对给公司造成的损失承担赔偿责任。”此处“赔偿责任”的规定加重了股东出资责任。故本案中三名新股东未能及时完成出资，给 A 公司造成损失的，则还应当对 A 公司承担赔偿责任。此时，A 公司或足额出资的股东可以作为原告，向三名新股东主张赔偿责任。

（三）瑕疵出资股东的违约责任承担

瑕疵出资股东对已按约出资的股东是否应承担违约责任问题，2023 年《公司法》不再对此进行规定。公司在设立、增资、股东发生变更的过程中，股东可通过章程、股东会决议、股东协议等方式，约定瑕疵出资的股东应承担的违约责任。这种违约责任的约定即使不受《公司法》的约束，但仍受《民法典》合同编的约束。

（四）其他股东与瑕疵出资股东的出资责任

2023 年《公司法》第 50 条规定：“有限责任公司设立时，股东未按照公司章程规定实际缴纳出资，或者实际出资的非货币财产的实际价额显著低于所认缴的出资额的，设立时的其他股东与该股东在出资不足的范围内承担连带责任。”这是股东应承担的出资补足的连带责任。这种连带责任系全面的终身责任，设立时股东身份不因股权转让而丧失。因此，老股东有可能面临的问题是股权转让过去几年了，公司已经不是自己的，但仍可能被追究补足其他股东出资的连带责任。

（五）第 54 条加速出资到期

2023 年《公司法》第 54 条规定：“公司不能清偿到期债务的，公司或者已到期债权的债权人有权要求已认缴出资但未届出资期限的股东提前缴纳出资。”我们认为这是确立常态化的出资加速到期制度，未足额出资股东在此情形下不再具备认缴制所赋予的期限利益，应承担提前缴纳出资的责任。因此，2023 年《公司法》实施后，可能出现债权人在起诉未出资到位的公司时，将瑕疵出资股东或未届出资期限的股东列为共同被告，要求承担责任。我们期待司法解释的出台，带来这条法律规定的实施细则。

（六）失权后其他股东的出资责任

股东未按期缴纳出资后的失权制度，规定于 2023 年《公司法》第 52 条第 2 款：“依照前款规定丧失的股权应当依法转让，或者相应减少注册资本并注销该股权；六个月内未转让或者注销的，由公司其他股东按照其出资比例足额缴纳相应出资。”这里规定了两种路径：一种路径是失权股东应当将股权转让，或者由公司减资后注销该股权；另一种路径是六个月的宽限期内，失权股东未转让或公司未注销股权的，则由其他股东按比例缴足出资。我们还注意到该失权制度适用对象不只是设立时的股东，还扩大到公司设立以后新加入的股东。所以 2023 年《公司法》在保护了债权人利益的同时，也督促股东诚实出资。

因此，针对本案中处于上升期的 A 公司来说，如果引入外部投资人，无论是 VC 还是 PE，他们均会特别关注：第一，投资进来之前的股东是否全面或部分履行出资义务；第二，公司章程或投资协议中可能出现的出资义务加速到期的情况；第三，公司有债务需清偿时，是否会出现股东出资加速到期的情形。

（七）瑕疵出资股权转让人和受让人的出资责任

关于瑕疵出资股权转让人和受让人的出资责任问题，2023 年《公司法》第 88 条第 1 款规定，转让人转让股权的出资期限尚未届满，由受让人承担出资义务，转让人承担出资瑕疵的补充责任。但转认人何时承担补充责任，还需由法律进一步明确。

2023 年《公司法》第 88 条第 2 款是针对转让人转让股权的出资期限届满的情形，是对新老股东出资责任的约定。但如果存在瑕疵出资股权的情形，该款明确规定由转让人和受让人在出资不足的范围内承担连带责任。同时 2023 年《公司法》还特别规定在受让人善意情况下，由转让人承担责任。

四、写在最后

2023 年《公司法》的修订对高净值人士、董监高合规要求、公司治理、股权架构、资本市场准入等方面产生了重大的影响。依法合规经营的公司无论在哪种制度下均不会受太大影响，反而是一批潜在的虚假、违规、不诚信的市场交易对象被过滤了，这无疑更有利于优化营商环境。作为金道律师，顺应 2023 年《公司法》对公司架构、公司治理、各方主体的法律责任等方面的革新，将其熟练运用到企业家的财富传承和管理中，既是挑战也是机遇。

企业商标合规风险防控项目办理之道

裘红萍[1]　朱昱宸[2]

[1] 裘红萍，金道律师事务所权益合伙人，法学学士。

[2] 朱昱宸，金道律师事务所律师，法学硕士。

一、引　言

商标是企业产品进入市场的敲门砖，是企业参与市场竞争的有力武器。商标虽不与代表企业核心竞争力的科学技术相连，但作为品牌内涵的核心载体，商标在企业文化建设及对外界产生影响力方面却起着非常重要的作用。可口可乐公司的创办人曾说：“即使我的企业一夜之间烧光，只要我的牌子还在，我就马上能恢复生产”；苹果公司与深圳唯冠公司关于“iPad”商标之争，双方最后达成和解，苹果公司向深圳唯冠公司支付6000万美元。由此可见，以商标为符号的品牌具有巨大的无形资产价值。

正是由于商标的无形财产价值，商标抢注现象层出不穷。企业为了争回自己的商标，耗费大量人力、物力，不仅对企业造成了直接的经济损失，也对企业的发展产生严重影响。同时，商标侵权行为也非常普遍，不法分子各种投机，制造混淆，侵犯商标专用权，以此欺骗消费者而从中牟取暴利。纠纷剧增的原因，一方面是受利益驱动，企业对商标的维权意识增强；另一方面折射出企业在商标保护措施、策略及风险防范方面尚不完善。鉴于此，企业商标合规风险防控项目便应势而生。该风险防控项目主要从法律风险防范及企业内控管理等方面着手，旨在规范企业日常的商标保护和管理工作，避免企业陷入无谓的商标纠纷，引导企业健康发展。

二、前期探寻：识别企业商标管理现存风险

企业商标合规风险防控项目的首要任务是对企业商标管理现状进行细

致梳理。只有通过对当前商标管理情况进行详尽的梳理，项目律师才能全面深入地掌握商标这一无形资产的综合状况（诸如商标的注册情况、使用范围、保护状态等），这也能为后续的合规工作提供坚实的数据基础。与此同时，在梳理过程中，项目律师往往能发现潜在的法律风险，例如商标侵权、商标无效等隐患。针对这些问题，项目律师可以建议企业及时采取应对措施，避免不必要的法律纠纷和经济损失。此外，梳理企业商标管理现状还有助于发现商标管理流程中存在的问题和不足，进而优化流程，提升管理效率。因此，企业商标合规风险防控项目的第一步，是对企业商标管理现状进行全面梳理，确保商标管理工作的科学性、规范性和有效性，为企业的长远发展提供有力保障。

项目律师针对企业商标管理现状的初探往往是从线上尽调开始的（见表3－1）。若针对中国境内的商标查询，官方渠道可以通过国家知识产权局商标局设立的中国商标网，非官方渠道可以是从企查查、天眼查等网站查询，也可以通过知擎者、权大师等商标查询小程序进行检索。中国境外的商标查询，目前业内使用较多的是世界知识产权组织（WIPO）构建的全球品牌数据库（Global Brand Database），以及欧盟知识产权局（EUIPO）推出的商标检索数据库（TM view）。

表3－1　线上商标查询网址/网页链接汇总

序号	国家/地区	查询方式	网址/网页链接
1	中国境内	中国商标网	https：//sbj. cnipa. gov. cn/sbj/index. html
2		企查查	https：//www. qcc. com/
3		天眼查	https：//www. tianyancha. com/
4		知擎者	#小程序：//知擎者商标查询/gcaYiR8RPBQybnd
5		权大师	#小程序：//商标查询/aikcH2qo1GZ2W7C

续表

序号	国家/地区	查询方式	网址/网页链接
6	中国境外	全球品牌数据库	https：//www. wipo. int/reference/zh/branddb/
7		商标检索数据库	https：//www. tmdn. org/tmview/welcome#/tmview
8		美国专利商标局	https：//www. uspto. gov/

企业商标线上查询的结果可以根据如下表格进行登记（见表3-2）：

表3-2 线上商标查询结果登记

商标	类别	申请/注册号	申请/注册人	申请日期	注册日期	商品/服务范围	商标状态

尽管如今商标网上核查十分方便快捷，然而其不可避免地存在一定的局限性与滞后性。为了弥补这些潜在缺陷，必须辅以线下核查手段，从而确保商标核查结果的准确性与可靠性。项目律师通过对企业实地走访，与相关工作人员当面交流，既可以获取当前企业商标的注册信息、历史记录、变更情况等，以了解商标的权属和状态，又可以明确商标的实际使用情况（包括但不限于商标标识在产品包装、宣传物料、销售凭证等领域的使用）。

在进行项目实地核查之际，建议事先拟定详尽的核查清单，并与企业的相关工作人员进行充分对接。此举将会显著提升核查工作的效率，实现事半功倍的良好效果（见表3-3）。

表3-3 线下商标核查准备清单

序号	文件名称	材料名称
1	商标权属证明	商标注册清单
2		商标注册证
3		商标变更、续展、转让证明或许可备案通知书

续表

序号	文件名称	材料名称
4	与商标相关的协议	商标委托设计合同
5		商标许可使用合同
6		商标转让合同
7	商标使用证据	包装委托印刷合同
8		产品包装、商品标签
9		广告合同
10		广告文案、宣传手册、网站、公众号等
11		销售凭证（销售合同、发票等）
12	荣誉证书	省、市著名商标、名牌产品证书
13		驰名商标认定批复
14		其他荣誉证书
15	企业商标管理制度	商标管理部门及人员构成
16		商标管理内控制度
17	与商标相关的涉诉文件	商标驳回通知、商标异议、无效、撤销决定等行政阶段的文件
18		商标授权确权行政诉讼文件
19		商标侵权诉讼文件
20		商标合同纠纷文件

只有通过细致的线上线下尽调，才能全面了解企业商标管理现状，总结企业现存商标合规风险。笔者根据此类项目办理经验，总结了几点常见的商标合规与管理风险：

（一）商标注册合规风险

（1）企业自身商标注册意识淡薄，未对核心产品使用的标识进行提前注册；

（2）在企业申请商标注册前，未对拟注册商标进行前期近似查询，导

致与现有注册商标相同或近似，进而遭到商标局驳回或异议；[①]

（3）企业在商标注册之时，并未考虑商标分类、商品或服务项目选择，导致商标保护范围受限。

（二）商标使用合规风险

（1）由于缺乏对商标使用规定的了解和重视，企业在广告宣传、产品包装等方面出现商标的不当使用，如商标标识不清晰、使用位置不当等，而后引发消费者的混淆和误认，最终招致监管部门的处罚；[②]

（2）企业并未在商标注册的商品或服务项目上使用商标（超范围使用），致使企业在超范围部分无法获得法律保护，若该使用范围内已经有他人注册了相同或近似的商标，企业还面临商标侵权风险。[③]

（三）商标运营合规风险

（1）企业在商标注册有效期限届满后，未按照法定程序及时办理商标续展手续，同时对于与第三方签订的商标授权许可合同在期限届满后也未能及时续约，从而导致商标权益的丧失和市场地位的削弱；[④]

（2）企业未能对商标价值进行合理评估，对于侵犯商标权的行为缺乏积极维权的措施，导致商标在市场中的独特性和显著性逐渐减弱，最终沦

① 参见国家知识产权局商标局商标评审委员会商评字［2021］第0000349812号关于第36143385号“许老板”商标不予注册复审决定书。

② 参见“金马牌”汽车改装冒充“劳斯莱斯银云”汽车案。详见上海市普陀区市场监督管理局沪市监普处〔2024〕072023002190号行政处罚决定书。

③ 参见万利达集团有限公司诉汕头高新万利达实业有限公司商标侵权案。详见福建省高级人民法院（2009）闽民终字第38号二审民事判决书。参见蔡伟、黄从珍：《注册商标应在核定范围内使用》，载《人民法院报》2010年2月25日，第6版。

④ 参见立邦涂料（中国）有限公司诉舒城县迎春漆业有限责任公司商标侵权案。详见安徽省高级人民法院（2015）皖民三终字第00074号二审民事判决书。

为通用名称，从而严重损害了商标的专属权益和市场价值；①

（3）企业对已注册商标的管理与维护工作疏于执行，未系统性地整理和保存商标使用相关的各类材料，导致无法充分证明商标的有效使用，最终致使商标被依法撤销。

三、中期布控：优化商标注册布局 加强商标使用与运营合规防控

在对企业商标管理现状进行全面梳理并准确识别潜在风险后，接下来的工作重点是对企业商标的核心要素进行系统性评估，并形成详细的汇报材料。同时，项目律师需根据企业的实际需求与战略侧重点，制定相应的商标布控策略，以确保对企业商标权益的全方位保护。

（一）商标注册布局

1. 保证主品牌在核心商品的授权

商标注册布局是企业品牌保护的重要一环，而保证主品牌在核心商品的授权则是这一布局中的核心要点。这意味着企业需确保其主品牌在最为关键、最具代表性的商品上得到充分的保护，从而稳固品牌在市场中的地位，并有效防止侵权和假冒行为。

实现主品牌在核心商品上的授权，首先需要企业明确自身的核心业务

---

① 参见“优盘”案、“富强”案、Aspirin（阿司匹林）案、Zipper（拉链）案等。参见阎志军：《商标演变为商品通用名称的探讨——兼论企业正确实施名牌战略和保护知识产权的对策》，载《科技进步与对策》1997 年 5 月；袁真富：《论商标退化及其法律规制》，载《西南大学学报（社会科学版）》2010 年第 3 期。

和主打产品。只有明确了这两点，才能确保商标注册的针对性和有效性。例如，对于一家主要生产运动鞋的企业而言，其核心产品的商标注册类别在尼斯分类表第25类上获得授权就显得尤为重要。在实务操作中，项目律师可以引导企业通过商标注册申请、购买已有商标或获得商标许可等方式，确保企业主品牌在核心商品上的合法使用。下表以国内商标注册、转让、许可为例，详细列出了企业在前述三种方式中所需准备的材料清单，以供参考（见表3-4）。

表3-4 企业国内商标注册、转让、许可材料准备清单

序号	具体事项	企业所需准备材料
1	国内商标注册	商标注册申请书
2		商标代理委托书
3		企业营业执照复印件
4		商标图样
5	国内商标转让	商标转让申请书
6		商标代理委托书
7		商标转让协议或同意转让声明
8		商标转让人和受让人的营业执照复印件
9	国内商标许可备案	商标使用许可备案申请书
10		商标代理委托书
11		商标许可合同/协议
12		商标许可人和被许可人营业执照复印件

2. 重视关联商品储备，提前布局关联行业

项目律师不仅要关注当前主营商品的商标注册，还需具有前瞻性地提示企业对其关联商品进行商标储备，以避免潜在的商标抢注风险。随着业务的发展和市场的变化，企业可能会涉足与当前主营商品相关联的其他商品领域。若在这些领域提前进行商标布局，企业将能够更顺利地推出新产

品，减少市场进入的障碍。为了实施这一策略，项目律师可以根据企业的业务发展规划和市场趋势预测，辅助企业制订完善的商标注册计划，包括主品牌在不同商品或服务类别上的注册布局以及关联商品的储备策略。除此之外，律师可以定期进行商标检索，了解市场上是否存在与其品牌相同或近似的已注册或申请中的商标，以便及时提示企业采取应对措施。

3. 商标防御性注册与海外注册并举

商标防御性注册是指企业将已注册的商标覆盖更多商品和服务，或把与自己的商标图案、文字形似音近的都作为联合商标注册，原商标为主商标，其余称防御商标。申请注册防御性商标的路径主要有两种：一是商标所有人在原注册商标使用的商品（或服务）类别外，跨行业申请注册若干相同商标；二是商标所有人为了防范他人在同类别商品（或服务）上申请类似商标，在同行业、同类别内申请注册和原商标近音、同音或字形近似的商标。简言之，就是跨类申请相同商标和在同类别申请近似商标。商标防御性注册的目的是防止他人搭便车或者抢注而误导消费者，给商标提供更为全面的保护。当然，项目律师在制定防御性注册策略时，应充分考虑企业的实际情况和市场环境，避免过度注册导致资源浪费。

另外，随着全球化进程的加速，海外市场对于企业的重要性日益凸显，企业的海外注册需求也在日益增加。项目律师在企业明确决定进入某个海外市场之前，应首先对该市场的商标法律制度、注册流程、注册费用等进行深入了解，尽可能充分利用国际条约和双边协定等法律工具，以便申请注册的商标能在多个国家或地区获得保护（见表3－5）。

表 3-5 企业商标海外注册途径介绍

序号	国际注册途径	特 点
1	马德里国际注册	马德里国际注册，是指根据《商标国际注册马德里协定》和《商标国际注册马德里协定有关议定书》及其《共同实施细则》规定，在马德里联盟成员间所进行的商标注册。马德里注册可以一份申请指定多个国家，避免了单一注册需要翻译、公证认证等独特要求，同时也可节省相当费用，但马德里国际注册须以国内注册/申请为基础，指定协定国必须在国内已注册，指定纯议定书成员国须已在国内提出申请。
2	欧盟商标注册	欧盟商标注册程序比较简单，一旦获得批准，在全部欧盟成员国（27 国）均受到保护，费用也相对较低。
3	非洲知识产权组织商标注册	非洲知识产权组织目前有 16 个成员国，部分成员国无自己的商标制度，要实现“单一国家注册”的难度较大，通过“非洲知识产权组织”进行注册，商标核准注册后可在所有成员国受保护。
4	单一国家注册	单一国家注册是最常见，申请数量最多的海外商标注册方式，顾名思义，单一即单独向各个国家提交商标申请材料。

（二）商标使用与运营合规防控

1. 加强商标使用行为的规范与监控

为确保企业在日常商标使用中的规范性与一致性，项目律师将为企业量身打造一套详尽的商标使用标准。该标准将详尽规定商标的规范形式、使用场景及与其他元素的排列布局等细则，以便在诸如产品包装、广告宣传、线上平台等多元场景中，均能准确、统一地展现企业商标形象。

内部使用标准确立之后，需通过系统的内部培训与严格的监督机制，确保其得以切实执行。所有涉及商标使用的员工，均须接受全面深入的培训，以充分理解并准确执行商标使用标准，从而确保商标的正确使用与品牌形象的维护。此外，员工在必要时应签署承诺书，郑重承诺遵守商标使用标准，共同维护商标的完整性与企业的品牌形象。

动态监控机制对于及时发现并纠正商标使用不当行为至关重要。项目律师既可以引导企业借助现代技术手段（如建立商标使用监控系统，利用图像识别和数据分析等技术对商标使用情况进行实时监测），又可以通过使用商标监测工具，设定合理的监控范围和关键词，实时监测企业商标的注册情况、使用情况以及潜在的侵权风险。此外，鼓励员工与合作伙伴积极举报发现的违规行为，设立便捷的举报渠道，并对提供有效信息的举报人给予适当奖励。对于发现的商标使用违规行为，建议企业在深入调查后，视情节轻重采取相应的处理措施（包括但不限于警告、罚款、开除及解除合作等），以维护商标使用的规范性与企业的合法权益。

2. 完善商标许可和转让的审查与管理流程

在商标许可领域，项目律师需根据企业实际情况构建一套严谨且适配的审查机制。首先，对被许可人的资质、信誉及市场影响力进行全方位评估，确保其具备合法、正当使用商标的资质与能力。其次，对许可合同进行详尽审查，涵盖许可期限、范围、费用及违约责任等核心条款，以保障双方权益不受损害。此外，项目律师需敦促企业定期对被许可人的商标使用情况进行监督，确保其遵循合同约定，维护商标价值与企业形象。

商标转让涉及法律与商业的诸多层面，因此必须实施严谨的管理流程。首先，对转让方与受让方的主体资格进行审慎审查，确保其具备合法的转让与受让资格。其次，对商标的权属状况进行深入核实，包括商标注册证书、续展证明、转让协议等文件的审核，确保商标权属清晰、无争议。在此过程中，双方应签订详尽的转让协议，明确转让的商标、价格、支付方式及违约责任等关键内容。最后，项目律师应及时提醒企业办理商标转让的官方手续，确保商标权属变更得到法律认可与保护。

商标许可与转让不仅是商标运营中的核心环节，更是潜在的法律风险高发区。为确保合作的顺利进行并有效规避潜在风险，企业应持续优化并完善商标许可与转让的审查与管理流程。在此过程中，企业应全面评估法律风险，并采取切实有效的防控措施，以保障商标运营的合规性与安全性。

四、后期追踪：商标日常监测为基础，商标诉讼策略为手段

在成功为企业布控了一系列商标合规措施后，商标合规风险防控项目也将顺利过渡至后期追踪阶段。在此阶段，项目律师应着重关注企业商标的日常监测与维权保障工作。商标日常监测，作为维护企业商标权益的基础性任务，其核心在于通过持续、系统的市场观察与数据分析，敏锐捕捉潜在的商标侵权风险，为后续维权行动提供坚实、准确的信息支撑。而商标诉讼策略，则是企业在遭遇商标侵权时不可或缺的法律武器，旨在通过法律途径坚定捍卫企业商标权益，有效打击侵权行为，并寻求合理的赔偿。这一阶段的工作不仅关乎企业当前商标安全的维护，更是项目律师后续增值业务的重要来源。因此，项目律师需深刻把握此阶段工作的关键性，为企业创造更多价值，推动商标合规工作的持续发展。

（一）实施定期的市场扫描与风险评估

项目律师在与企业充分沟通，明确商标监测的具体目标和范围后，即可运用专业的商标监测工具和服务，定期对市场进行全面扫描。这些高效工具与精准服务，使项目律师能够迅速捕捉潜在的商标侵权风险（包括但不限于相同或相似商标的注册申请和使用情况）。同时，项目律师在日常工作中也应密切关注网络、社交媒体、电商平台等多元化渠道，以便及时发现并记录任何潜在的侵权行为。

在收集前述相关信息后，项目律师应快速对其深入分析和风险评估，这包括对扫描结果进行分类整理，评估潜在侵权行为的性质、规模、持续时间等因素，以及可能对企业造成的影响和损失。通过风险评估，帮助企业识别出主要的侵权风险和威胁，为后续的应对策略提供依据。

（二）建立内外部高效的商标维权机制

企业内部构建高效的商标维权机制是确保企业商标权益得到充分保护、品牌形象得以维护以及市场竞争力得以持续增强的关键。项目律师可以提议企业内部组建由法务人员、市场业务部人员以及公关人员等组成的专门维权团队。这个团队应具备一定的法律知识和实践经验，能够较为准确地识别和处理简单的侵权行为。

此外，针对有需求的企业，项目律师还可为其建立一套完善的商标维权流程和制度。该流程和制度应涵盖侵权监测、证据收集、风险评估、法律行动以及后续跟踪等多个环节，并明确各环节的职责和操作标准，以保障维权工作的规范性和高效性。项目律师应定期对流程和制度进行审查和更新，确保其能够适应不断变化的法律环境和市场形势。

作为企业聘请的专业外部商标维权顾问，项目律师团队应由具备深厚商标法律知识和丰富实践经验的专业人员组成，全面负责监控和处理商标侵权事宜。为确保维权工作的高效有序，项目律师团队内部应建立明确的职责划分和协同机制，确保各成员能够充分发挥自身专长，形成合力。

唯有实现内部机制与外部力量的高效协同，方能确保商标维权工作的每一个环节均得到妥善处置。这种内外的紧密配合，不仅保障了维权工作的系统性，更确保了其规范性和有效性，为企业的商标权益提供坚实保障。

五、结语：企业商标合规风险防控项目展望

党和国家始终高度重视知识产权保护工作，将其置于重要战略地位，并致力于不断完善商标法律法规体系，为企业提供更坚实的法律保障。自1982年首次颁布《商标法》以来，该法已历经四次重大修正，法律条款日益细化，对商标侵权行为的制裁力度也显著增强。[①] 这些修正不仅为企业捍卫商标权益提供了强大的法律武器，也为营造公平竞争的市场环境注入了新动力。这一系列举措充分展示了我国在知识产权法治建设上的坚定决心和显著成效，为企业长远发展奠定了坚实的基础。

然而，企业在商标合规风险防控方面，除了依靠外部的法律和政策支持外，还需从内部着手，着力提升自身风险防控能力。金道律师将紧扣企业商标需求，致力于为企业提供内容定制化、服务主动化、成果可视化的商标合规风险防控专项法律服务。我们坚信，通过内外结合、多措并举的方式，企业能够更有效地防范和应对商标合规风险，确保商标权益得到全面保护。

---

① 以侵犯商标专用权的赔偿数额的计算规则为例，1982年《商标法》规定，“赔偿额为侵权人在侵权期间因侵权所获得的利润或者被侵权人在被侵权期间因被侵权所受到的损失”，之后在2001年修正后增加了“法定赔偿”的计算方式，之后在2013年又对损害赔偿计算方式的适用顺序进行了明确，“侵犯商标专用权的赔偿数额，按照权利人因被侵权所受到的实际损失确定；实际损失难以确定的，可以按照侵权人因侵权所获得的利益确定；权利人的损失或者侵权人获得的利益难以确定的，参照该商标许可使用费的倍数合理确定。若实际损失、侵权获利、注册商标许可使用费均难以确定，则适用法定赔偿”。2019年修正的《商标法》更是加大对侵权行为尤其是恶意侵权行为的惩罚力度，提高了法定赔偿数额。

离婚诉讼案件代理之道

应　盼[1]

[1] 应盼，金道律师事务所权益合伙人，法学硕士。

近年来，离婚率数据居高不下，离婚诉讼案件和法律服务需求的数量与日俱增，吸引着越来越多的律师投身婚姻家事法律领域这片“蓝海”。然而，有一部分律师因苦于“情法交错”和“家长里短”的办案氛围，对离婚案件望而却步。其实，代理离婚案件好比外科医生主刀一台手术，需要在纷繁复杂的案情中透过情感纷争的迷雾，揭开诉讼主张的面纱，梳理法律关系的本质，成功去除“病灶”，帮助客户完成婚姻的“断舍离”。这就是离婚诉讼案件代理之道。

一、考察当事人的诉讼环境

当事人所处的诉讼环境往往对案件的难度、走向和结果有着重要的影响，这也是律师在决定是否接受委托时需要重点考虑的因素。如果诉讼环境评估良好，则案件代理过程通常会相对顺利，代理效果也更有可能趋于理想。如果诉讼环境不利，则可能困难重重，甚至事倍功半。

（一）案件是否符合法定起诉条件

提出离婚的一方当事人是否满足法定起诉条件是启动案件的前提，根据现行法律规定，起诉离婚需满足以下两个条件：

一是根据《民法典》第1082条规定：“女方在怀孕期间、分娩后一年内或者终止妊娠后六个月内，男方不得提出离婚；但是，女方提出离婚或者人民法院认为确有必要受理男方离婚请求的除外。”关于对“确有必要受理男方离婚请求”的理解，参照《最高院民一庭：关于婚姻家事类案件相关的48个实务问答》的意见："……如女方有重大过错（重婚、姘居导致怀孕，男方情感无法谅解，或女方实施家庭暴力，男方人身受到严重威胁）等情况，法院可受理，并作实体处理。"

二是根据《民事诉讼法》第127条第7项规定："判决不准离婚和调解和好的离婚案件，判决、调解维持收养关系的案件，没有新情况、新理由，原告在六个月内又起诉的，不予受理。"

（二）选择何种离婚方式更为适宜

当事人在提出离婚前通常会寻求律师的建议，希望能够快速且有利地解决争议，并在诉讼离婚和协议离婚两种方式之间作出选择。

两种方式各有利弊。诉讼的优点是可以比较全面、彻底地解决离婚、子女抚养、财产分割等问题，双方的权益和责任得到司法确认，后续再起争端的可能性较小；缺点是当事人不仅需要承担相应的诉讼成本，而且诉讼程序复杂、审限较长，诉讼过程中的激烈对抗容易造成双方交恶，进而对离婚后子女与不直接抚养一方的亲子关系产生负面影响，导致抚养费支付和探望等问题面临执行困难，不利于子女的健康成长。

相比之下，协议离婚的优点是成本较低，所需时间相对较短，双方可以和平分手，避免关系僵化对子女成长不利；不足之处是在财产分割等问题上可能存在处理不彻底而产生后续可能引发诉讼的法律隐患，而且在"离婚冷静期"内变数较大，容易出现一方反悔而撤销离婚申请的情况，使双方前期为协商而付出的努力付诸东流。笔者认为，从案件效果的角度出发，如双方在短期内尚有协商空间，且由此能够为自己一方当事人争取最大利益，以及最大限度地减少对未成年子女的影响的，建议当事人协议离婚并为其提供相应的非诉讼法律服务；如果双方之间的矛盾不可调和，或者存在重大分歧，已经无法通过协商解决的，则考虑采取诉讼方式离婚可能更为适宜。

（三）了解双方性格特点行事风格

相比于其他类型的案件，律师在离婚案件中帮助委托人处理法律问题的同时，往往要根据工作需要获取或者不可避免地接触与委托人及其家庭有关的隐私信息，因此，能否与委托人建立起足够的信任关系，以及充分了解双方当事人的性格特点和行事风格，对代理工作尤为重要。

首先，了解委托人的性格特点和行事风格，有助于建立互信，便于开展代理工作，提高办案效率。在维护当事人合法权益的前提下，律师有独立的代理权，可以独立表达自己的代理意见。但在个别情况下，因委托人与律师之间未能建立起足够的信任关系，可能引发双方意见发生分歧，甚至出现由委托人掌控诉讼局面，指导律师办案的情况。如此则使律师工作陷入被动，影响办案效率，增加执业风险。因此，律师在与当事人早期交流时，可以根据言谈举止初步了解其性格特点和行为方式，进而采用适宜的沟通和工作方式，逐步建立起双方的信任关系；如沟通确有难度，则建议律师对案件代理作可行性评估。

其次，办理离婚案件存在较高的执业风险，近年来因律师代理案件而遭到对方当事人打击报复的事件时有发生，这也成为有些律师不愿办理离婚案件的重要原因之一。因此，通过委托人适当地了解对方当事人的性格特点和行事风格，有助于律师评估案件风险。在某些问题上，律师可以较为准确地预判对方当事人面对诉讼的情绪反应，便于确定和调整办案思路和方向。例如，若对方当事人性格冲动或者行为偏激，律师可以提前做好应急预案并在开庭前与法院沟通，提醒法官做好安检和维护庭审秩序等准备工作，以有效避免突发事件的发生。

二、明确委托人的诉讼主张

一般情况下，当事人会在与律师的交谈中提供丰富的陈述内容，但往往因篇幅过长而抓不住关键，因此需要律师把握好节奏，提炼案件重点，明确诉讼主张，避免把整个交流过程变成“诉苦大会”或者“批判大会”。

（一）明确对离婚的真实想法

如果委托人是被告，在正常情况下其同意离婚一般只有一个原因——夫妻感情确已破裂。但是如果不同意离婚，则各有各的理由，比如：

（1）夫妻感情尚未破裂，双方还有和好可能，不同意离婚；

（2）为了保全完整家庭，考虑子女成长环境，不同意离婚；

（3）经济高度依赖对方，自己又无稳定收入，不同意离婚；

（4）自身对外高额举债，需要对方共同承担，不同意离婚；

（5）抚养问题存在争议，财产分割尚有分歧，不同意离婚；

（6）对方希望快速离婚，自己出于报复心理，不同意离婚。

可以说，除上述第（1）、（2）项理由是考虑夫妻感情和家庭的因素外，其余几项均可以视为夫妻感情确已破裂或者处于破裂边缘，只是基于某种原因暂且维持婚姻关系的法律状态而已。在诉讼中，这些情况是可以通过调解方式处理的，故通常称之为“有条件的同意离婚”。实务中，律师需要作为被告的委托人明确其是否同意离婚，如系上述情况，则需要其同时明确具体的调解意见，以供律师准备调解方案。

（二）明确对抚养问题的意见

大多数情况下，夫妻双方在离婚时会争夺子女的抚养权。基于实践经验，我们通常建议委托人努力争取至少一个孩子的抚养权。首先，根据《民法典》第 1084 条①和《最高人民法院关于适用〈中华人民共和国民法典〉婚姻家庭编的解释（一）》第 46 条②的规定，如果子女由自己直接抚养对其今后成长更为有利，则应当争取抚养权。其次，在诉讼中争取抚养权可以体现父母对子女的抚养意愿和家庭责任感，同时有助于提升自己的庭审形象。最后，根据《民法典》第 1087 条③的规定，抚养权可能影响共同财产的分割，因此争取抚养权也可以为自己争取更多的权益。对于已满 8 周岁的子女，法院会在综合考量的基础上尊重其本人的真实意愿。因此，律师可以建议委托人询问子女本人的意见，并提供书面情况说明或录制视频等证据来证明子女希望今后与哪一方共同生活。

关于抚养费数额的确定，《最高人民法院关于适用〈中华人民共和国民法典〉婚姻家庭编的解释（一）》第 49 条规定了两个计算标准可供参考：首先，应考虑子女的实际需要、父母双方的负担能力和当地的实际生活水平进行确定。其次，对有固定收入的一方，抚养费一般可以按照其月总收入的 20% 至 30% 的比例给付。

---

① 《民法典》第 1084 条：离婚后，不满两周岁的子女，以由母亲直接抚养为原则。已满两周岁的子女，父母双方对抚养问题协议不成的，由人民法院根据双方的具体情况，按照最有利于未成年子女的原则判决。子女已满八周岁的，应当尊重其真实意愿。

② 《最高人民法院关于适用〈中华人民共和国民法典〉婚姻家庭编的解释（一）》第 46 条：对已满两周岁的未成年子女，父母均要求直接抚养，一方有下列情形之一的，可予优先考虑：（一）已做绝育手术或者因其他原因丧失生育能力；（二）子女随其生活时间较长，改变生活环境对子女健康成长明显不利；（三）无其他子女，而另一方有其他子女；（四）子女随其生活，对子女成长有利，而另一方患有久治不愈的传染性疾病或者其他严重疾病，或者有其他不利于子女身心健康的情形，不宜与子女共同生活。

③ 《民法典》第 1087 条：离婚时，夫妻的共同财产由双方协议处理；协议不成的，由人民法院根据财产的具体情况，按照照顾子女、女方和无过错方权益的原则判决。

司法实践中，法官在抚养费数额的确定问题上具有一定的自由裁量权。一般来说，法官会优先考虑适用第一个标准，并参照第二个标准。这是因为抚养费的目的是保障未成年子女的基本生活和教育所需，包括生活费、教育费（高中及以下学历教育费）、医疗费，通过综合考虑父母的负担能力、子女的实际需要以及当地实际生活水平，法官可以基本确定抚养费的数额区间。由于每个家庭的收入情况各不相同，对于高收入家庭而言，直接按照月总收入的20%至30%的比例给付抚养费会导致数额明显偏高，不符合子女的实际需要和当地的实际生活水平。因此，在实际裁量中，法官会综合考虑各种因素，并遵循公平、合理的原则来确定抚养费数额。

（三）明确对财产分割的主张

《民法典》第1087条规定："离婚时，夫妻的共同财产由双方协议处理；协议不成的，由人民法院根据财产的具体情况，按照照顾子女、女方和无过错方权益的原则判决。"但通常情况下，人民法院倾向于采用平均分割的方式来处理共同财产，除非出现一方违反了《民法典》第1092条的情况，例如隐藏、转移、变卖、毁损、挥霍夫妻共同财产，或者伪造夫妻共同债务企图侵占另一方财产。在这种情况下，另一方可以主张对其少分或不分。

另外，人们常说的重婚、与他人同居、实施家庭暴力，以及虐待、遗弃家庭成员，或者有其他重大过错，并不影响共同财产的分割比例，但是属于《民法典》第1091条规定的无过错方有权请求损害赔偿的情形。

需要注意的是，尽管一些影视作品中有关于"违反忠诚协议"的一方应当"净身出户"的情节，但《民法典》以及之前的《婚姻法》中并无此规定。2016年6月27日出台的《浙江省高级人民法院民一庭关于审理婚姻家庭案件若干问题的解答》[①] 对此进行了明确回应并予以否定。

因此，在律师与委托人确定诉讼主张时，需要详细说明上述规定，并努力引导当事人依法、合理地提出诉讼请求，避免过度主张权益而增加不必要的诉讼成本。

三、合理使用证据收集方式

离婚案件的举证应当紧紧围绕双方的诉讼主张展开，主要分为感情是否确已破裂、子女由谁直接抚养为宜、财产情况及分割方式三个方面。律师可以通过以下途径收集：

（一）直接收集委托人现有证据

现有证据指的是委托人已经掌握的证据，一般包括以下几类：（1）证件类：结婚证、居民户口簿、出生医学证明等可以证明婚姻关系和子女身份关系的证据；（2）财产权属证明类：不动产权证书、机动车行驶证、各

① 《浙江省高级人民法院民一庭关于审理婚姻家庭案件若干问题的解答》第6条：婚姻关系存续期间，夫妻双方订立如一方发生婚外情或实施家庭暴力等行为，离婚时放弃财产的协议，或者一方出具前述内容的承诺或保证书，另一方起诉以夫妻财产约定为由请求确认协议、承诺或保证书有效并要求据此分割财产的，能否予以支持？

答：婚姻关系存续期间，夫妻双方订立如一方发生婚外情或实施家庭暴力等行为，离婚时放弃财产的协议，或者一方出具的前述内容的承诺或保证书，是对特定条件成就后离婚时夫妻财产分割的约定，非属《婚姻法》第十九条规定的夫妻财产约定。参照《婚姻法司法解释（三）》第十四条"当事人达成的以登记离婚或者到人民法院协议离婚为条件的财产分割协议，如果双方协议离婚未成，一方在离婚诉讼中反悔的，人民法院应当认定该财产分割协议没有生效，并根据实际情况依法对夫妻共同财产进行分割"的规定，一方在离婚诉讼中反悔的，对此协议、承诺或保证书的效力应不予确认。法院应根据实际情况对财产进行分割。一方存在婚外情、家庭暴力等过错且导致离婚，另一方无过错的，在夫妻共同财产分割时，可综合考虑过错情况等，对无过错方酌情予以照顾，以平衡双方利益。

类合同等可以证明共同财产所有权归属的证据；（3）其他证据类：包括能够证明对方存在婚内过错的证据，例如报警材料、家庭暴力告诫书、视听资料、照片、微信聊天记录等。

在收集这些证据时，律师需要注意证据的合法性和可信度。合法性意味着证据的来源合法，如正式的文件、合法获取的通信记录等；可信度则体现在证据的真实性和可靠性，如文书的真实性、照片的时间地点等。

（二）指导委托人收集相关证据

在实务中，需要委托人配合收集的证据主要有两类。

一类是委托人尚未掌握的证据。如委托人对于对方的经济状况缺乏了解，或者对方可能存在隐藏、转移财产的情况，则我们通常建议或者指导委托人在提起诉讼之前先从对方或者相关方面收集必要的证据或线索。这样做可以使委托人更好地了解对方的经济状况，为诉讼提供充足的支持，同时有助于避免在诉讼过程中让对方警觉，防止其采取预防措施或者转移财产，确保委托人在法律程序中的利益，最大限度地减轻不必要的风险。

另一类是可由委托人创设的证据。一种是证人证言，委托人可以根据自身诉求向相关人员争取对自己有利的证言，例如在涉及争取抚养权的问题中，律师可以指导委托人向父母、邻居、朋友等征求对自己有利的证言，为法官确定抚养关系提供了重要的心证依据；另一种是视听资料，常用于证明某个重要事实问题，比如一方发现对方存在婚内过错但未及时留下证据，便可以在诉前依法采用录音录像等方式取证以固定重要事实（如无过错方利用与对方协商的契机，对谈话内容进行录音，以获取对诉讼有用的信息）。

需要特别指出的是，律师应当告知委托人在取证的过程中必须遵守法律法规，不得侵犯他人合法权益，尤其是隐私权。《最高人民法院关于适用〈中华人民共和国民事诉讼法〉的解释》第106条规定："对以严重侵害他人合法权益、违反法律禁止性规定或者严重违背公序良俗的方法形成或者获取的证据，不得作为认定案件事实的根据。"在笔者代理的一起案件中，对方当事人试图通过在卧室内安装针孔摄像头拍摄的一段模糊不清的亲密视频来证明我方当事人在婚姻关系存续期间与其他异性存在不正当关系。然而，我们在质证过程中就该证据内容提出从中无法识别当事人身份信息，并引用了上述规定认为该视频的取得方式严重侵害他人合法权益，应被视为非法证据。法庭最终采纳了我们的观点，并否认了该证据的有效性。司法实践中，对于一方通过在卧室、更衣室、浴室、卫生间等私密场所安装监控设备录取的视听资料，法院一般不予采纳。因此，律师在办案过程中应正确引导当事人进行合法取证，避免使用非法手段取证而徒增诉讼风险。

（三）律师申请法院调取的证据

即使有了前述较为充分的准备，但仍有一些类型的证据委托人无法自行取得的，比如银行流水明细（含支付宝、微信等）、理财账户信息（含证券、基金、保险等）、公司股权激励材料、就诊病例等涉及个人隐私的证据。在这种情况下，律师可以依据《律师法》第35条[①]的规定向人民法院申请调查取证，当然，人民法院也可以根据审理需要，按照《民事诉讼法》第70条[②]的规定依职权自行调取相关证据。

---

① 《律师法》第35条：受委托的律师根据案情的需要，可以申请人民检察院、人民法院收集、调取证据或者申请人民法院通知证人出庭作证。律师自行调查取证的，凭律师执业证书和律师事务所证明，可以向有关单位或者个人调查与承办法律事务有关的情况。

② 《民事诉讼法》第70条：人民法院有权向有关单位和个人调查取证，有关单位和个人不得拒绝。人民法院对有关单位和个人提出的证明文书，应当辨别真伪，审查确定其效力。

笔者在办案过程中，经常有委托人问及能否申请调取对方的住宿登记信息（开房记录）以证明其婚内出轨。就司法实践而言，人民法院对于此类申请一般持谨慎、保守的态度。首先，开房记录能否作为婚内出轨的证据取决于具体情况，如果只有一人登记入住，通常无法证明，但如果一男一女登记在同一房间，则可用于佐证婚内出轨的事实，且同住的次数越多，证明力越强。其次，关于如何调取，以下三点需要注意：（1）一定要提供比较准确的线索，也就是开房的具体时间和地点，当事人可以留意外卖订单、交易记录等获取线索，如果没有具体的时间地点范围，法官一般不会批准申请，更不会为当事人作排查；（2）法官会对申请作必要性的审查，如开房记录对本案无实质性的影响，则一般不予批准；（3）实务中，并非所有的公安机关或者酒店都会配合持有调查令的律师调取开房记录，因此需要提前与相关单位进行沟通，必要时可由法院依职权调取。

四、把握好律师的代理尺度

离婚案件相较于其他类型案件的特殊性在于需要由法律对当事人的身份关系作出评价和处理，所以律师在代理过程中往往要被动接受来自对方当事人（尤其是不同意离婚一方）大量的负面情绪输出。紧张情绪和情感冲突可能导致当事人采取极端行为，包括对律师实施人身伤害。近年来，类似事件时有发生，不仅将律师行业推向了舆论的风口浪尖，也引发了公众对于律师职业属性、执业环境，以及律师执业如何兼顾法律正义和社会伦理等问题的热议，甚至将“离婚律师”定义为高危职业。笔者认为，律师把握好案件代理尺度，其实就是做好自我保护。这不仅可以有效降低执业风险，甚至可能收到更好的办案效果：

（一）客观理性，不做角色代入

一般来讲，委托人不仅需要通过律师获得法律的支撑，也希望获得情感方面的慰藉与共鸣，这种需求在某些长期遭受不幸婚姻的女性当事人身上体现得尤为突出。

笔者在办案中，曾不止一次见识律师与委托人“同仇敌忾”的场面，这种共情的输出甚至较当事人有过之而无不及，仿佛已将自己置身其中。离婚案件有其特殊性，作为代理人，我们理应在情感上代入同理心，给予委托人充分的理解、抚慰和帮助。但是，作为律师，首先需要意识到自己的职业定位，保持自己的专业性，客观、理性、冷静地处理问题，为委托人提供合理的法律建议，协助其维护合法权益；在此过程中，不宜代入角色或者掺杂过多的个人感情，否则容易“入戏太深”而剑走偏锋，影响发挥专业判断的能力，甚至影响诉讼环境，增强对方当事人对律师的对抗情绪。

（二）就事论事，不作道德评价

离婚案件中，律师的代理意见主要体现在文书起草和诉讼表现两个方面，这些方面可以直接反映出代理人的专业水准和处事能力。在笔者代理的一起案件中，对方律师在庭审发言中多次对我方当事人进行“道德评价”，甚至发表了“脸皮之厚堪比城墙”等带有人身攻击性质的言论，这导致庭审现场火药味十足，双方及到场亲属剑拔弩张甚至互相谩骂，庭审进程多次被打断。

离婚案件与经济案件不同，夫妻双方对簿公堂时往往会使庭审现场充满“爱恨情仇”的氛围，而律师发表的不当言论可能会引起双方的情绪爆发。笔者认为，律师的作用是通过展示自己的专业能力来获得法官的认同，因此在代理过程中只需对案涉事实问题作出专业、全面、客观的法律评价，行文表意要尽量使用法律用语，应避免对对方当事人进行道德评价，做到就事论事。一旦换位思考，就不难理解，即使对方当事人存在过错，从心理上也更愿意接受来自配偶和法官的评价，但如果受到对方律师的指责，只能激发出强烈的对抗情绪。特别是在个别当事人存在暴力倾向的案件中，律师“行文”“行事”时应更加谨慎和恰当，要有预判能力，在论述问题时要明确、周全，既要考虑对方的接受程度，也要考虑保护好自己和委托人的人身安全。当然，在庭审过程中，律师可以根据具体情况就某些重要事实问题为委托人保留必要的发言机会，但必须对发言内容进行事先检查。一方面，因为委托人的陈述内容往往更接近客观事实，有助于法庭调查；另一方面，尤其在涉及对方存在婚内过错的问题上，合理的庭审发言既可以为委托人提供情绪释放的通道，也可以在法庭上创造有利于委托人的舆论导向，起到给对方施加心理压力并为法官提供心证依据的作用。

（三）合理促调，利于争议解决

《民法典》第 1077 条①规定登记离婚应当经过“离婚冷静期”，第 1079 条②规定诉讼离婚应当“调解前置”，此外，各地法院普遍采用“两次判离”的做法。之所以设置这些“重重障碍”，就是为了促使夫妻双方通过充分的沟通与和解，确保离婚决定的慎重性，避免因冲动离婚给双方及子女造成的伤害。

---

① 《民法典》第 1077 条：自婚姻登记机关收到离婚登记申请之日起三十日内，任何一方不愿意离婚的，可以向婚姻登记机关撤回离婚登记申请。前款规定期限届满后三十日内，双方应当亲自到婚姻登记机关申请发给离婚证；未申请的，视为撤回离婚登记申请。

② 《民法典》第 1079 条第 2 款：人民法院审理离婚案件，应当进行调解；如果感情确已破裂，调解无效的，应当准予离婚。

实践中，即使夫妻双方感情确已破裂，并符合离婚的条件，通过调解离婚也比判决离婚在某些方面更具有优越性。一方面，通过平和的方式解决纠纷可以缓和双方矛盾，有利于财产分割方案的顺利执行；另一方面，在相当一部分判决离婚的案件中，仍有当事人认为子女与不直接抚养一方的亲子关系随着婚姻关系的解除而解除，同时双方可能尚未彻底解决争议或者放下怨恨，导致此后双方断绝往来，直接抚养子女的一方拒绝另一方探望，而不直接抚养子女一方则拒绝支付抚养费，最终令双方及子女的权益受损。因此，调解离婚可以最大限度地减小离婚对于双方及未成年子女的伤害，代理人可以在维护委托人合法权益的基础上，适当地进行引导，如委托人同意调解，则协助其完成沟通谈判和调解方案的制定工作。

五、结案后的跟踪回访工作

离婚案件结案后，律师对委托人进行跟踪回访工作有着非常重要的意义。通过提升法律服务增值空间，同时满足客户需求，这样可为律师长期发展奠定坚实的基础。其作用主要体现在以下五个方面：

一是满意度调查。通过跟踪回访，律师可以了解客户对服务的满意度。这不仅是评估律师工作质量的一种方式，也是律师改进和提升自身服务水平的重要途径。通过了解客户的反馈和意见，律师可以及时发现问题并采取相应的措施，以满足客户需求和期望。

二是维护客户关系。跟踪回访是维护客户关系的重要手段之一。律师通过回访表达对客户的关心和关注，建立起更加亲密和信任的关系。这有助于客户在未来需要法律服务时更愿意选择和推荐律师，并为律师带来持续的业务。

三是发现潜在机会。通过回访，律师可以与客户进一步沟通，了解他们的法律需求和问题。这有助于律师发现潜在的法律机会和业务，为客户提供更多的法律服务，同时扩大律师的业务范围和市场份额。

四是建立口碑和信誉。良好的口碑和信誉是律师事务所成功的重要因素之一。通过回访，律师可以主动收集客户对服务的正面反馈和满意度证明，以增强律师事务所的声誉和信誉。这有助于吸引更多的潜在客户，并为事务所带来更多的业务机会。

五是改进服务质量。通过回访收集客户的反馈和意见，律师可以了解到自身服务中的不足之处，并根据客户的建议进行改进。这有助于提高服务质量，改善客户体验，进一步增强律师的竞争力和吸引力。

六、结　语

总体来说，代理离婚案件是一项全面而复杂的系统工程，不仅要求律师具备过硬的专业技能，还需要在处理诉讼实务的过程中时刻保持冷静、客观的逻辑判断力和情绪把控力，同时在心理分析和风险防控方面也要考虑周全，为客户寻求最优的解决方案，切实维护客户的合法权益。

从政府法律顾问角度谈招商引资协议的审查要点

吴丽丽[1]　陈　杪[2]

[1] 吴丽丽，金道律师事务所律师，法学硕士。

[2] 陈杪，金道律师事务所律师，法学硕士。

招商引资是一项政府主导和企业广泛参与的重要工作，是指地方政府向投资者推介当地优势，争取投资者到当地开展包括直接和间接投资在内的各类投资活动。政府通过招商引资实现经济增长、财政收入增加、区域竞争力提高等发展目标。作为政府促进当地经济发展和社会进步的有效手段，招商引资一直是社会各领域的热点研究问题。

本文结合笔者为招商引资活动提供法律服务的经验和其他各地的招商引资案例，对招商引资协议稍作分析。

一、招商引资协议概念

招商引资协议目前尚缺乏相关的法律法规加以定义，也无明确的理论定义。但通常而言，在招商引资的过程中，政府方与投资方之间会形成大量的文件，而这些文件的集合通常被称为招商引资协议。

政府方与投资方在一系列招商引资协议文件中约定彼此间的权利义务，既为招商引资活动的顺利展开创造了条件并最终达到促进地方经济发展、地方税收增长的目标，又能加快政府职能转变，推动管理型、服务型政府的发展。

二、招商引资协议相关主体

（一）政府方

在招商引资实践中，签订招商引资协议的政府方包括地方政府、政府主管部门、经济开发区管委会等相关主体。

（二）投资方

投资方是指依法设立且有效存续的具有法人资格的企业，包括民营企业和国有企业、内资企业和外资企业等。实践中，投资方通常会专门针对项目成立项目公司，负责项目具体实施。项目公司是依法设立的自主运营、自负盈亏的具有独立法人资格的经营实体。

三、招商引资协议审查要点

（一）协议主体审查

第一，针对政府方主体，协议审查时应当结合招商引资协议中的各项义务，注意政府方订立主体是否具有相应的职权。行政主体进行法律活动，需遵循“法无授权不可为”的基本原则，避免超越政府主体职权或未经有效授权订立招商引资协议。

第二，针对投资方主体，协议审查时可以通过企查查、天眼查等平台对投资方的相关信息进行检索，如出现异常信息（如存在大量诉讼案件）的，应予以关注。在实务中，政府方在签订招商引资协议前，往往会专门前往投资方公司、工厂等所在地，对招商引资带来的产业、就业、税收等方面的影响进行考察，同时还会委托第三方机构对投资方进行尽职调查（包括公司的基本情况、对外投资及分支机构情况、业务经营情况、主要资产情况、主要债权债务情况、公司治理情况、合规情况、诉讼仲裁情况等多个方面）。

（二）土地出让、协议供地条款审查

1. 土地出让条款

政府在招商引资活动中，多会利用土地资源吸引投资方的兴趣，如通过出让、租赁等方式使投资方获得土地使用权。但需要注意的是，与投资方签订土地使用权出让条款的主体必须具有相应的职权。在实务中，存在地方人民政府职能部门、开发区管理委员会等作为投资协议的签订主体时不顾投资协议的条款是否与签约主体的职能相适应而盲目承诺的情形，这不仅导致了条款执行不能的问题，而且还存在被认定为无效的风险。

所以，在审查招商引资协议时，应当注意是否约定土地出让条款；如有约定的，应当注意审查协议的签订主体是否有权出让土地使用权。如因签订主体不适格导致协议被认定为无效的，存在承担缔约过失责任的风险。

2. 协议供地条款

招商引资协议中频繁出现的一类条款为承诺定向供地条款。此类条款约定具体的用地位置、用地面积、用地条件、交地时间、交地标准，如约定投资方以一定的价格取得土地使用权，摘牌价格超出部分由政府方作为奖励返还。

但根据《民法典》第347条的规定，工业、商业、旅游、娱乐和商品住宅等经营性用地以及同一土地有两个以上意向用地者的，应当采取招标、拍卖等公开竞价的方式出让。因此，在审查招商引资协议时，应当注意是否存在协议供地条款。对于涉及土地安排、承诺定向供地等问题上必须谨慎，确保在符合现有法律法规及政策的范围内进行约定，避免出现条款无效的情形。

（三）对赌条款审查

我们鼓励政府方在招商引资活动中，要给予投资方对赌式的支持，而非豪放式的支持。政府方应当重点关注将企业招引到当地后带来的产业、就业、税收等方面的变化。据此，可以在招商引资协议中针对投资总额、生产能力、投产达产日期、纳税额、亩均税收（针对供地企业）等方面设定考核目标及考核方式，对于未完成目标的情形设定相应的限制措施（如暂缓发放补助资金等）或违约责任（如解除协议、收回补助资金等）。

1. 投资总额

投资总额是招商引资协议中最重要的考核内容之一。引入的资金、设备价值都计算在投资总额内，既包括新建的土建工程、购置的新设备款，也包括不属于固定资产投资的购买的旧厂房、旧设备款和作为单位流动资金的投资。在招商引资协议中，应将投资总额纳入对赌条款，根据投资款项的到位时间细化对赌条款，确保项目资金按时到位。

2. 生产能力

生产能力是指在计划期内，企业参与生产的全部固定资产，在既定的组织技术条件下所能生产的最大产品数量，或者能够处理的原材料数量。生产能力是反映企业所拥有的加工能力的一个技术参数，反映了企业的生产规模和生产可能性。企业的生产能力越高，对于当地产业、就业、税收等的作用越明显，因而在招商引资协议中应当对生产能力进行明确的约定。

3. 投产/达产日期

投产日期是指经验收合格、达到竣工验收标准、正式移交生产的时间；达产日期是指达到设计生产能力的产量的时间，一般该产量就是企业生产能力的极限。

若投产日期、达产日期延迟，会造成项目发展缓慢，达不到约定的经济效益。政府方应当将该指标纳入考核，从而督促企业尽快达产，实现最大的投入产出比，完成合同约定的经济效益，以促进资源利用的最大化。

4. 纳税额

在财政收入中，税收占据重要地位。政府通过税收，用于当地经济发展、环境保护、生态建设、教育、科学、文化、卫生等事业的发展，用于社会保障、社会福利、促进就业等领域，进而保障人们的日常生活需求。政府方将纳税额纳入对赌条款，确保企业的纳税额达到要求，可以促进当地经济、就业等方面的发展。

5. 亩均税收（针对供地企业）

亩均税收是指入驻项目投产达效后，每个会计年度每亩地的纳税额。亩均税收是衡量纳税人占用土地面积与税收贡献度的重要经济税收分析指标之一，亩均税收越高的，证明土地利用率越高。

政府方进行招商引资的目的是利用有限的土地资源，吸引更多的投资，加快促进当地经济的发展，从而促进税收、就业等各方面的快速发展。将亩均税收作为考核指标之一，有助于促进企业对土地资源的利用，提高投入产出率，避免土地资源严重浪费的现象，以实现当地经济效益加速发展。

（四）补助资金条款审查

招商引资协议中，政府方的常见义务就是为投资方或项目公司提供一定的资金补助，如以产业发展补助、设备补助、科研奖励等各种名义提供资金。但在实践中，政府方往往容易忽略对补助如何发放、如何收回进行约定。一旦投资方违约，已经支付的补助将无从追回。

因此，在审查招商引资协议时，要注意补助的发放应尽可能分阶段、分情况进行，结合对赌条款明确政府方在某类情形发生时享有暂缓发放甚至收回补助资金的权利。同时，建议对补助的用途进行明确约定，避免出现相关款项流入关联公司的情形。

（五）税收优惠条款审查

在招商引资过程中，税收优惠是吸引投资者的另一大措施。地方政府长期存在自行允诺税收优惠以促进招商引资的情况，其中又可以分为两种情况：一种是税收减免条款；另一种是税收返还条款。

1. 税收减免条款

《税收征收管理法》第 3 条规定："税收的开征、停征以及减税、免税、退税、补税，依照法律的规定执行；法律授权国务院规定的，依照国务院制定的行政法规的规定执行。任何机关、单位和个人不得违反法律、行政法规的规定，擅自作出税收开征、停征以及减税、免税、退税、补税和其他同税收法律、行政法规相抵触的决定。"

也就是说，地方政府不具有作出税收减免的职权，其在合同中对投资方做出的税收减免必须要符合法律、行政法规以及国务院、财政部和国家税务总局在法律法规的授权下制定的税收优惠政策，擅自在合同中约定与法律法规相抵触的税收减免将会导致该税收减免条款无效。

2. 税收返还条款

税收的地方留成部分，在缴纳后，该费用应当属于地方政府财政性收入，地方政府享有所有权和自主支配权。地方政府亦可用该地方财政性收入鼓励和支持外来投资，发展地方经济。在此基础上订立的合同条款并不违反《税收征收管理法》等法律、行政法规的强制性规定，应当认定为有效。

但在笔者检索的案例中，也存在部分案例否定了先缴税后返还条款的效力，认为其实质构成了《税收征收管理法》第3条规定的“退税”。

因此，在审查招商引资协议时，如要进行税收优惠的，应当注意尽量避免在协议中直接约定免税、减税等，采用先缴税后返还的方式，将会大大降低被认定为无效的风险。

需要注意的是，在审查税收优惠条款时也应当与对赌条款相结合。约定在某些情形下可以返还税收，这类优惠条款可以降低政府方的风险。

（六）项目用地收回及相关条款审查

1. 项目用地收回条款

现有法律法规中对于国有建设用地使用权的收回主要规定了期限届满收回、公共利益收回、闲置土地收回，而对于投资方违约时如何收回土地，需要通过协议双方约定收回的方式解决。建议在招商引资协议中对于项目用地收回的具体情形作出约定。需要注意的是，收回项目用地的主体为土地管理部门，在审查招商引资协议时，需要有效衔接招商引资协议和国有建设用地使用权出让合同之间关于项目用地收回的约定。

2. 抵押限制条款审查

根据《国土资源部关于加大闲置土地处置力度的通知》（国土资电发〔2007〕36号）第2条规定，实行建设用地使用权“净地”出让，出让前，应处理好土地的产权、补偿安置等经济法律关系，完成必要的通水、通电、通路、土地平整等前期开发，防止土地闲置浪费。《闲置土地处置办法》第21条规定，市、县国土资源主管部门供应土地应当符合下列要求，防止因政府、政府有关部门的行为造成土地闲置：（1）土地权利清晰；（2）安置补偿落实到位；（3）没有法律经济纠纷；（4）地块位置、使用性质、容积率等规划条件明确；（5）具备动工开发所必需的其他基本条件。

也就是说，我国实行“净地”出让，国土资源主管部门在出让土地时必须要确保土地权利清晰、没有法律经济纠纷、不存在他项权利（如抵押权等）。而国有建设用地使用权被收回后，主债权并未消灭，抵押权不因国有建设用地使用权的收回而消灭。这就意味着政府方在收回国有建设用地使用权并再次出让的过程中，必须要考虑抵押权涤除的问题。如若未满足“净地”出让条件的，政府方存在构成违约的风险，相关工作人员还有可能受到处分，甚至被追究刑事责任。

故笔者建议，在审查招商引资协议时，要注意对对赌期内的项目用地进行抵押限制，同时将该限制进行登记公示。因为项目用地一旦进行抵押，就会涉及第三方即抵押权人的利益，涤除抵押权也会需要政府前期投入大量资金，容易引起争议并影响项目用地的顺利收回。

3. 建筑物、构筑物、附属设施处理条款

《民法典》第356条规定，建设用地使用权转让、互换、出资或者赠与的，附着于该土地上的建筑物、构筑物及其附属设施一并处分。因而，在项目用地收回时，地上的建筑物、构筑物及其附属设施应一并收回。

所以，在收回项目用地时，应当一并解决地上建筑物、构筑物及其附属设施的问题。实务中，政府方和投资者在签订国有建设用地使用权出让合同时，往往会约定解除出让合同后，建筑物、构筑物及其附属设施由投资方自行拆除。但由于投资方往往会对不动产进行抵押，拆除将损害债权人的合法利益，同时造成社会资源的极大浪费。故笔者建议，在审查招商引资协议或国有建设用地使用权出让合同时，可以约定国土部门在收回土地时对地上附着的建筑物、构筑物及其附属设施给予合理的补偿。

（七）项目公司条款审查

实践中，投资方通常会专门针对项目成立项目公司，负责项目的具体实施。项目公司是依法设立的自主运营、自负盈亏的具有独立法人资格的经营实体。换言之，招商引资协议的签订主体和实际履行主体往往不一致，签订的主体是投资方，而实际享受招商扶持政策的主体是投资方在当地设立的项目公司。

政府方在签订招商引资协议时，往往忽略对项目公司的设立、运营和责任承担进行干预和监管的约定，发生纠纷时容易给政府方的权益保障带来风险。

在审查招商引资协议过程中，应当注意是否针对以下几方面的内容进行了约定：

（1）项目公司设立条件条款：招商引资协议中应当对项目公司设立的条件（包括注册资金数额、实缴时间、股东、投资方持股比例等）进行明确的约定。

（2）股权转让限制条款：为实现招商引资的目的，招商引资协议中应当对项目公司的股权转让进行限制，严格控制投资方在项目公司中持股比例的减少。

（3）权利义务转让限制条款：为实现招商引资的目的，招商引资协议中应当对投资方、项目公司的权利义务转让进行限制，原则上应不允许投资方或项目公司将招商引资协议中所有权利义务转让给第三方。

（4）投资方和项目公司责任承担条款：招商引资协议中应当明确投资方承担何种责任，项目公司承担何种责任。明确在项目公司设立后，政府方、投资方和项目公司三方签订补充协议，明确项目公司的责任。

（5）项目公司监管条款：政府方每年对项目公司中投资方持股比例、注册资金到位情况进行检查时，如发现投资方减持股份比例或者没有按照约定到位注册资金的，投资方应当按照政府方要求整改。同时，项目公司应当配合政府方对其履行招商引资协议情况、项目公司运营情况进行审计。

（八）政策调整条款审查

作为政府方，有时因调整规划等原因需要改变土地使用权的性质、收回土地等，但这并不会改变其违约的本质。《最高人民法院关于充分发挥审判职能作用为企业家创新创业营造良好法治环境的通知》第 3 条指出，诚实守信企业家的合法权益依法受到保护。对有关政府违反承诺，特别是仅因政府换届、领导人员更替等原因违约、毁约的，依法支持企业的合理诉求。对于确因政府规划调整、政策变化导致当事人签订的民商事合同不能履行的，依法支持当事人解除合同的请求。对于当事人请求返还已经支付的国有土体使用权出让金、投资款、租金或者承担损害赔偿责任的，依法予以支持。

故在审查招商引资协议时，应当注意是否约定了因政策调整需要收回土地、收回土地时如何返还土地出让金，以及如何支付利息等内容，避免日后发生争议。

四、结　语

招商引资一直以来都是以经济建设为中心的地方政府的重要任务。签订招商引资协议是政府开展这项工作的重要内容之一。在审查招商引资协议时，应当注意审查项目的所属行业、项目规划、建设内容、建设地点、建设周期、开竣工日期、投产达产日期、总投资额、资金来源、投资方式及时间、预期经济效益等多方面内容，结合项目可行性研究报告针对该项目的合理性、可行性进行判断。一份完善的招商引资协议将有利于项目推进、减少纠纷。反之，则有可能给地方政府带来不可估量的严重损失。

律师为企业提供公共法律服务的现实困境与解决路径

朱　艇[1]　陈竞翔[2]　郭　盛[3]

[1] 朱艇，金道律师事务所台州分所主任，理学学士。

[2] 陈竞翔，金道律师事务所台州分所律师，法学硕士。

[3] 郭盛，金道律师事务所台州分所律师，金融学学士。

一、项目背景

浙江金道律师事务所台州分所与总所联合中标浙江省某省级新区（以下简称 T 新区）公共法律服务项目，帮助该新区搭建了完整的线上公共法律服务电子平台与线下公共法律服务中心服务体系。本文旨在总结这一项目的难点、创新解决方案、经济价值与社会价值。

（一）用户背景

T 新区于 2020 年 7 月 13 日获浙江省政府批复设立，2020 年 8 月 20 日正式揭牌，是浙江省设立的第 6 个省级新区。T 新区总面积约 138.46 平方千米，有湾区科创中心、新材料、医药健康、生态休闲旅游、都市农业 + 植保机械、智能制造 + 电子信息、城市核心服务、大汽车、大通航、物流 + 金属新材料等核心产业集群，有十余万家注册企业（其中规上企业[①]多达上千家），年产值百亿，属于企业集聚的工业新区。由于 T 新区属于新设行政机构，其在编人员精简，但是企业数量众多，司法服务需求巨大，存在司法服务无法满足众多企业需求的矛盾。

（二）用户需求分析

对于 T 新区的司法部门负责人而言，其核心需求是由金道团队主导在短时间内搭建完整的公共法律服务体系，将司法公共服务能力辐射到全区

① 规上企业是规模以上企业的简称。一般以年产量作为企业规模的标准，国家对不同行业的企业都制定了一个规模要求，达到规模要求的企业就称为规模以上企业，规模以上企业也分若干类，如特大型企业、大型企业、中型企业、小型企业等。

的企业，最终实现优化 T 新区的营商环境的目标。

在具体的操作指标中，最核心的三项任务是：(1) 在 T 新区的公共法律服务中心建立一支 10 人规模的线下服务团队，提供线下公共法律服务。(2) 在线上建立公共法律服务电子平台。(3) 将线下服务和线上服务推广辐射到全区企业。

从上述的目标中分析，金道服务团队在实操角度，需要完成团队搭建与管理、电子化平台搭建、宣传推广三大任务。除了用户的目标需求外，金道服务团队还面临着如何实现项目盈利，以及探索律师团队提供公共法律服务的新发展模式。

（三）实际效果

整个项目历时 1 年，金道台州分所与总所的联合团队克服资金短缺、人员不足、服务任务量重、疫情阻碍等重重困难，成功帮助 T 新区搭建完整的公共法律服务线上平台，并组建一支高效的线下服务团队在当地公共法律服务中心投入运营。最重要的是，通过这一项目，金道服务团队也探索出律师参与公共法律服务的一种新发展模式。

二、项目面临的困境

（一）战略定位困境

这个项目的最大的困难在于战略的定位困难。所谓战略定位是指决策层需要厘清项目服务对象是谁，需求是什么，最终实现的产品形态是怎么样的，要采取什么样的措施去实现，在什么样的时间和金钱的约束型条件下去实现。梳理战略要点一般需要理论的指导，但是公共法律服务这一新兴领域，恰恰缺乏理论的指导，即“理论的困境”。换言之，整个团队需要在理论匮乏的情况下，逐步摸索厘清营商环境的定义，司法领域实现优化的方式，优化营商环境和公共法律服务的关系，以及该采取什么样的措施。这些问题如果没有答案，就很难开展这个项目。

同时，本项目要完成团队搭建与管理、电子化平台搭建、宣传推广三大任务。同时还要肩负实现项目盈利，以及探索律师团队提供公共法律服务的新发展模式的目标。从以上五个战略目标可以看出，该项目不同于传统的律师服务，更像是在运营一个商业项目，甚至可以类比于创业公司，需要完成五个任务：团队搭建、信息化平台搭建、营销推广、项目财务盈利、商业模式搭建。该项目除了涉及法律知识外，还需要非常多的跨领域知识，因此完全不同于传统法律服务项目，这也对律师团队构成了巨大的挑战。

（二）具体实施策略的困境

公共法律服务区别于其他的法律服务，其特殊性导致要想做好这一法律业务会面临非常大的挑战，具体难点如下：

1. 盈亏无法平衡

由于政府工作人员本身不是专业法律人士，其法律知识储备、推广经验、人力资源储备以及经费方面都是有限的，因此政府很难直接提供完整的公共法律服务，只能依赖社会力量。①

不同于其他法律服务，为企业提供公共法律服务有非常强的特点。其一，从组织形式上看，是由政府组织律师参与，一般有两种形式，即政府采购律师服务或政府组织律师义务提供服务。其二，从服务收费上看，公共法律服务强调其公益属性，收费特征一般也是两种，即免费服务或者按

① 参见李海平：《政府购买公共服务法律规制的问题与对策——以深圳市政府购买社工服务为例》，载《国家行政学院报》2011 年第 5 期。

照政府指导价低价收费。其三，从服务群体角度上看，主要为不特定的企业，数量庞大，且服务需求多样。

上述的特殊性，直接导致了公共法律服务产生以下特殊现象：（1）由于公共法律服务是免费或者低价收费，因此律师在服务过程中无法通过业务实现利润。（2）服务群体巨大，任何的政府采购经费都不足以支撑将公共服务完全普及每一个企业。例如 100 万元的采购经费，分摊到 10 万家企业，每家企业的经费也只有 10 元。（3）政府采购公共法律服务往往采取招投标的形式，但是因为法律服务市场的恶性竞争，竞相压价，导致律所无法获得盈利，甚至亏本竞价过分压低预算。（4）政府组织律师义务提供服务，强调律师义务劳动，导致提供的法律服务质量低下，无法满足企业的需求。（5）企业需求繁杂，所需服务品类繁多，需要的法律储备非常复杂，对服务团队要求非常高。以经营餐馆为例子，当餐馆提供的菜品类越多，其需要准备的 SKU（最小库存单元）就越多；如果只有胡萝卜炒肉一个菜品，就只要储存胡萝卜和肉，当品类扩大到几十个后，需要的 SKU 就非常多，管理非常复杂，成本会激增。同理，律师面对规模化的市场，其需要的 SKU 储备也会非常复杂，成本会激增。

对律师或律所而言，公共法律服务属于典型的成本高昂、事务复杂、回报不足的业务，律师或律所要想在公共法律服务中获得盈亏平衡，非常难。《史记·货殖列传》中有一句名言："天下熙熙，皆为利来；天下攘攘，皆为利往。"一旦律师或律所在公共法律服务中陷入长期亏损的困境，其服务动力、服务水准与服务热情都会下降，因此，如何在公共法律服务中找到盈亏平衡点，是第一个难题。

2. 服务质量无法有效保障

现实中最常见的公共法律服务模式，是政府采购律所的法律服务，律所指派专职律师或助理提供服务；提供服务的人员一般为授薪律师或者入职不久的助理，由这些服务人员最终对接企业用户。

这样的服务过程会出现一个典型的经济学现象，即代理人问题。在代理人问题中，委托人想激励对方，也就是让代理人以某种方式尽力工作，但是由于信息不完全，委托人很难知道代理人是否努力（或有效率地）工作，或是依委托人的最佳利益来做事。换言之，提供服务的授薪律师或助理是实际的执行者或者代理人，政府与律所希望让他们尽量努力地去工作，但是实际执行过程中政府与律所很难有效监督。而授薪律师只是拿固定工资，在没有合适的激励体制和监督体制的情况下，公共法律服务的结果好坏并不影响律师的薪酬，那么授薪律师倾向于做更少的工作，来获得同样的薪酬。这一问题导致授薪律师仅仅是基本完成任务，而非高质高效地完成任务，让服务质量无法得到有效保障。

3. 业务合规边界模糊

律所很难在公共法律服务中盈利或者获得盈亏平衡，那么驱动律所去参与公共法律服务的动力是什么呢？原因在于，提供服务的律所可以借助公共法律服务的平台，获得与企业负责人直接对话的渠道以及政府信用背书，从而衍生出其他业务。

企业法律服务是典型的“To B”法律服务。这类服务的特点是：（1）信任感需求。企业决策往往涉及重大事项，因此企业负责人决策都比较谨慎，需要建立信任感，而公共法律服务恰好有政府的背书而具备强大的可信度；（2）渠道建立。在一般情况下要见到企业负责人是非常难的，但公共法律服务由政府组织，可以相对容易地见到企业负责人，因此提供公共法律服务有助于建立与大量企业负责人接触的渠道。

在这个过程中，需要把握公共利益和私人利益的边界，但由于公共法律服务刚刚发展，业务合规的边界还处于模糊地带，如何管理服务过程中政府、律所、律师的合规风险，也是公共法律服务中的一大难题。

三、项目的解决方案

（一）厘清公共法律服务与优化营商环境的关系

公共法律服务是一个模糊的实践概念，并无法律的明确定义，可以初步定义为：由政府协同、社会力量参与，以保障公民、法人和其他组织法律需求为主要目的，而组织提供的服务设施、服务产品与服务活动。[①] 分析其内容，包括以下几个部分：（1）政府组织；（2）社会力量参与；（3）提供服务或产品；（4）满足公民、法人、其他组织的法律需求。

《优化营商环境条例》第2条将营商环境界定为市场主体在市场经济活动中所涉及的体制机制性因素和条件；第4条明确优化营商环境应当坚持市场化、法治化、国际化原则，以市场主体需求为导向，以深刻转变政府职能为核心，创新体制机制、强化协同联动、完善法治保障，对标国际先进水平，为各类市场主体投资兴业营造稳定、公平、透明、可预期的良好环境。分析其中内容，可以得出，优化营商环境的内容包括：（1）政府改善自身的体制机制；（2）政府发挥保障作用；（3）为市场主体营造稳定、公平、透明、可预期的良好环境。

结合上述对公共法律服务和营商环境的理解，可以这样看待两者之间的关系：（1）政府组织引入社会力量；（2）为市场主体提供法律保障；（3）提供稳定的法律预期；（4）搭建好的营商环境。从律师的执行操作视角出发，包括以下内容：律师参与政府组织的公共法律服务平台，为企业

---

① 参见杨凯：《公共法律服务体系建设的基本构架》，载中国社会科学网微信公众号，http：//mp. weixin. qq. com/s/ihE9iBv_ 0uvuiOUZDn9ulQ，发布时间：2021年7月14日，最后访问时间：2023年9月13日。

提供法律维权、法律保障等服务，以及为企业普及解释法律与当地政策，来帮助企业更好地经营。

我们认为，通过公共法律服务来优化营商环境，核心在于帮助大量的企业获得法律知识的普及、规模化的有效法律支持，以及价格更低、质量更好的服务。具体指标包括：（1）海量的推广；（2）标准化的服务；（3）规模化的处理；（4）较低的服务价格。

这四个指标单纯依靠政府的力量难以实现，必须依靠市场。经济学家亚当·斯密在他的著作《国富论》中提出“看不见的手”的概念。他认为，在市场经济中，存在一只“看不见的手”，这只手引导着市场参与者的行为，使市场经济能够自我调节，实现资源的有效配置。每个人都追求自己的利益，但是在市场经济中，这些个人的行为会产生一种“协同作用”，使整个社会的利益实现最大化。这种协同作用并非人为设计，而是市场机制自发产生的，因此被称为“看不见的手”。有且只有引入律师的服务，让市场机制引导律师参与公共服务，才可以实现上述四个指标。[①]

（二）顶层设计采用精益化开发策略

传统的开发模式认为，所有的产品在推向市场或者社会之前，要具备非常完善的功能与模块，差劲的产品会损害开发者的声誉。这种开发理念存在巨大的缺陷。传统的开发模式在未验证市场需求的情况下，就贸然投入大量成本去开发一款自以为功能齐全的产品，一旦开发完毕，而市场又不接受这一产品，这样只会带来巨额的损失。

而精益开发是指通过验证性开发，来实现产品的开发。首先向市场推出极简的原型产品，然后通过不断地试验和学习，以最小的成本和有效的

① 参见杨桦、刘权：《政府公共服务外包：价值、风险及其法律规制》，载《学术研究》2011 年第 4 期。

方式验证产品是否符合用户需求；在此过程中，灵活调整方向，如果产品不符合市场需求，最好能“快速地失败、廉价地失败”，而不要昂贵地失败；如果产品被市场认可，也应该不断学习，挖掘用户需求，迭代优化产品。

这种开发模式对于政府开发数字化公共法律服务体系具有借鉴意义，因为这是在有限的政府预算情况下，通过快速的验证性开发来寻求一个合适的公共法律服务体系。通过建立假设，以及快速地验证，来筛选出符合当地群众与企业需求的功能，最终打造一套合适的公共法律服务体系。

（三）落地的有效举措

1. 借用科技远程联络

实现公共法律服务盈亏平衡的第一件事是降低成本，尤其是借用互联网工具来降低成本。一个律师如果要开车到现场去对接企业，就会产生路费以及时间成本；如果是千百次对接，成本根本无法承受。因此，要借用互联网工具来实现远程对接。通过远程对接，初步筛排案情是否复杂，是否需要进一步的对接。这是利用科技的力量将法律服务投射到数量巨大的企业中。[①]

2. 研发标准化产品

传统律师服务是高度定制化的人工服务过程，但公共法律服务的对象是十多万家企业，依靠定制化根本无法实现，必须要采用标准化的产品来大规模地提供服务。因此，公共法律服务的服务必须要加强产品研发，用标准化的产品来对接规模化的需求。例如，司法部强力推广的企业法治体

---

① 参见喻少、如许柯：《整体智治：公共法律服务数字化转型的内在机理与创新路径——以杭州市滨江区“一码解纠纷”为例》，载《电子政务》2023 年第 5 期。

检，这就是一个标准的法律服务产品。强调产品的知识储备，也是降低SKU的方法。如果能够将高频的需求转化为几类标准化的法律服务产品，那么整个管理就非常简便；偶尔遇到的特殊疑难问题可以由专人进行回答，高频问题用标准产品解决。这样就能实现大规模提供稳定高质量服务的目标。①

3. 创新推广方式

推广普及公共法律服务是律师参与公共法律服务的一项重要任务，很多地方政府花巨资建设了公共法律服务体系，但企业并不知晓政府提供了该服务。

这就要求公共法律服务团队用更多的时间做推广工作，可以采取的推广方式包括：（1）陌生拜访。由于是政府组织，可以政府的名义直接联系企业上门拜访，拜访时与企业负责人建立私人微信，以及邀请企业加入群聊，邀请企业添加公共法律服务电子平台。（2）私域运营。当企业加入公共服务的法律群后，通过活动运营以及服务广告等多种方式，吸引企业体验公共法律服务并建立黏性。（3）行政裂变。由于有政府行政机关的优势，可以要求网格员、村干部等进行裂变推广，以及将广告牌直接置放在各个村与网格点②。（4）网络推广。通过制作各种视频，将公共法律服务投射到互联网，然后通过私域向微信群内的企业进行发放。用互联网的运行方式来推广公共法律服务是必然的趋势。③

4. 显名律师与律所

在公共法律服务中，律师与律所能否显名，是一个很重要的问题。如

① 参见杨桦、刘权：《政府公共服务外包：价值、风险及其法律规制》，载《学术研究》2011年第4期。

② 网格，是指在城乡社区及其他特定管理区域之内划分的基层服务管理单元。网格分为综合网格和专属网格。

③ 参见刘虹燕：《公共法律服务平台的设计与实现》，吉林大学2016年硕士学位论文。

不能显明，律师或律所在提供公共法律服务时，强调自己是政府的工作人员；显名时，律师可以说自己是某某律师，应政府要求提供公共法律服务。

律师不是政府工作人员，也不应当强调自己是政府工作人员，而是明确自身的身份为律师，是受政府委托提供公共法律服务的人员。“身份 + 服务”的结合才是律师在与企业对话中应当作出的自我介绍，不能因为提供公共法律服务而丧失律师的身份，显名本身不会影响公共法律服务的公益性质。

显名与否是律所、律师参与公共法律服务的重要问题。前文提过，律师、律所参与公共法律服务往往会难以实现盈亏平衡。因此，通过公共法律服务来与更多的企业主建立联系渠道，在公共服务过程中展示律所或律师的专业形象，进而为未来的公共法律服务之外的业务合作打下基础。对律师事务所或律师而言，公共法律服务应当成为一项不盈利但是引流的业务。这是律师或律所参与公共法律服务的底层动机。一旦无法显名，就无法满足引流这一目标，那么律师参与公共法律服务将彻底成为一个长期亏损的业务。

5. 变革组织形式

公共法律服务需要进行大量研发、大量推广，往往不能直接获得利益，只有通过引流进律所后才能获得利益。有一个明显的界限区分，即前端亏钱引流，后端服务赚钱，因此统筹前后端的利益就非常重要。这需要律所及时调整团队结构，以前端引流、研发、推广，后端收费的方式，来打造一体化团队体系。律所应当将其作为一个长期工程，先进行前期投入，打下基础，获得稳定业务后再慢慢等待实际收益。

公共法律服务是蓝海业务，但投入大、收益小且慢，因而被很多律所排斥。律所需要经受长期的亏本，通过服务建立企业用户信任基础，并对派往前线的执行人员实行分润与补贴，许诺作出项目之后的利益分配，如此才能调动所有的力量投入公共法律服务的建设中。这个过程可能需要几年时间。从短期来看，公共法律服务项目无法盈利，但从长远来看，公共法律服务可以成为律所长期繁荣的流量池和业务来源。

四、项目的价值

（一）项目的社会价值

对于政府而言，有限的编制导致人力资源短缺，要想大规模推广公共法律服务，将服务渗透辐射至服务对象中的所有公民和企业，必然需要向市场购买专业法律服务。但是，如何购买服务，购买后要实现什么样的交付结果和社会目标，这方面的认识一直非常模糊。T 新区项目首先对这一问题作出了解答，厘清了公共法律服务与优化营商环境的关系，同时给出了具体的解决方案。项目给 T 新区带来了非常强的社会效应，金道服务团队在短时间内成功搭建了一支 10 人线下服务团队，提供线下公共法律服务，并在线上建立公共法律服务电子平台，同时将公共法律服务推广辐射到全区企业，有效提升了 T 新区公共法律服务质量，同时实现了公共法律服务的降本增效，构建了一个完善的公共法律服务体系。通过该项目，成功实现了公共法律服务在新区十余万家企业的全面覆盖，解决了新区企业出现的上万个法律问题，有效支撑了新区的经济建设和高质量发展。

（二）项目的商业探索价值

该项目是新的律师业务类型，强调律所像创业公司一样去运营一个公共法律服务项目，并通过长久的运营实现政府委托方、服务对象企业、运营的律所三方共赢的目的。这种服务模式已超出传统的律师服务领域，所呈现的也不仅是法律专业的素养，还包括在科技、管理、财务、传媒营销等方面的综合能力，是对律所综合服务能力的考验，在律师服务市场极具商业价值。

同时，公共法律服务由于接触到大量的企业，除了可以在政府端获得高额的回报外，还可以获得一个稳定的企业营销渠道。通过任意一个区的公共法律项目都可以借此和数万家企业建立直接的联系。本项目是律所开拓公共法律服务领域的探索性尝试，所带来的经验可以为后续进一步开展业务带来更多的机会。

第二部分

诉讼案件篇

破而后立，历经四审，施工单位破产情形下实际施工人起死回生之路

——一起标的额1亿多元的实际施工人和国企城投公司之间的建设工程施工合同纠纷办案纪实

胡祥甫[1]　陈丽媚[2]　贾　晨[3]

[1] 胡祥甫，金道律师事务所首席合伙人，全国优秀律师，一级律师。

[2] 陈丽媚，金道律师事务所高级合伙人。

[3] 贾晨，金道律师事务所律师，法学硕士。

从2021年至2024年，整整三年，从一审的驳回，到二审的发回重审，再到重审一审的胜诉，重审二审的维持原判，以及最终顺利执行到位的尘埃落定，三年四审。代理过程中穿插着施工单位（第三人）破产，以及衍生案件之施工单位和发包人之间的索赔案件、原告和施工单位（第三人）的劳动仲裁案件，还有建设工程司法解释和审判规则的变更，其代理过程跌宕起伏，惊心动魄。最终，以当事人庆功宴上一句“金道所律师是最靠谱的律师”做了结尾。

一、半路接手，“挂靠”还是“转包”，一念定生死

2021年12月，朱某、苏某来到了律所，聘请浙江金道律师事务所胡祥甫首席合伙人、陈丽媚律师承办，贾晨律师协助加入一起标的额1亿多元的实际施工人起诉发包人的诉讼代理服务工作。

因施工单位L公司濒临破产，为解决某安置房项目工程款问题，朱某、苏某原已委托其多年合作的顾问律师，于2021年9月以实际施工人身份起诉被告H城投公司、L施工单位（第三人），要求H城投公司直接向原告朱某、苏某结算工程款9000万元以及赔偿损失等，合计诉请金额为100,418,637.29元。而在此之前，H城投公司已对L公司、T财保公司提起诉讼，要求L公司赔偿2.3582亿元。在本案起诉后我方律师接手前，L施工单位已被裁定破产。

“如果我方诉请不被法院支持，我方此前在项目中垫付的大量资金在L

施工单位破产案件中的受偿比例将会很低。”可以说，这个案件是朱某、苏某两人的生死存亡之局。

接手案件后，代理律师进行了大量的前期工作，梳理出案件主要争议焦点，和当事人多次沟通案情，研究代理思路与方案。律师团队还连夜做好案件进程分析的 PPT，制作了时间轴（见图 7－1），对争议焦点进行重点解读，让当事人感觉到律所的专业和用心。

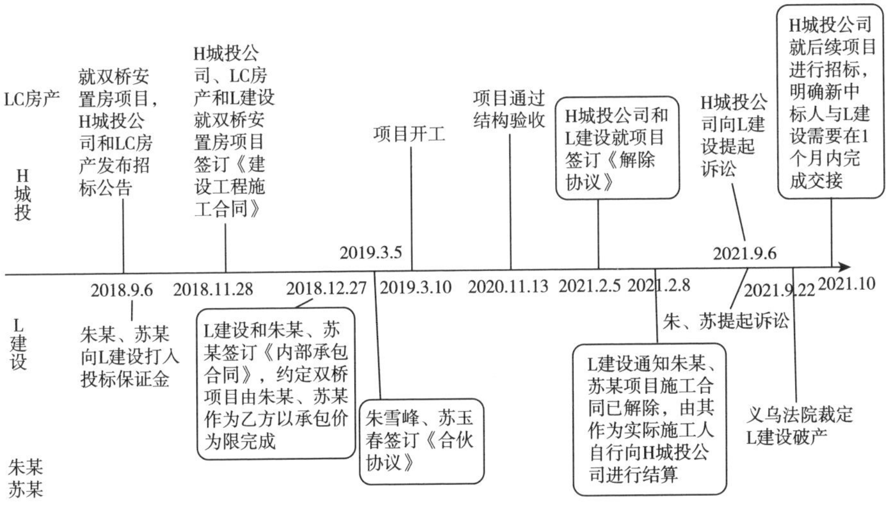

图 7－1　朱某、苏某与 H 城投公司、L 施工单位建设工程施工合同纠纷时间轴

在案件分析时，对争议焦点中朱某、苏某是否为实际施工人？是挂靠还是转包，代理律师给出了前瞻性的意见。

从立案的证据来看，朱某、苏某对案涉工程的资金、管理、人员方面相关证据基本具备，但由他人起草的起诉状中有个大问题，“原告朱某、苏某之间为合伙关系，双方挂靠第三人 L 施工单位参与被告的安置房项目工程的招投标，并最终中标”。

代理律师曾代理发包人办理过一起类似案件。法院判决认为：《最高人民法院关于审理建设工程施工合同纠纷案件适用法律问题的解释（二）》[①] 中的“实际施工人以发包人为被告主张权利的，人民法院应当追加转包人或者违法分包人为本案第三人，在查明发包人欠付转包人或者违法分包人建设工程价款的数额后，判决发包人在欠付建设工程价款范围内对实际施工人承担责任”。该条司法解释仅规定了转包合同的承包人和违法分包合同的承包人的权益保护问题，并不适用于借用有资质的建筑施工企业名义与他人签订建设工程施工合同的承包人。

故在案件分析中，代理律师提出实际施工人“挂靠”L 施工单位的说法不妥，不应自己定性为挂靠，而是定性为转包或者不作定性更合适，需要对起诉状进行表述上的调整。

此后最高人民法院民一庭于 2022 年 1 月 7 日公布其 2021 年第 20 次专业法官会议纪要，对于《最高人民法院关于审理建设工程施工合同纠纷案件适用法律问题的解释（一）》（以下简称《建工解释一》）第 43 条规定，认为该条解释只规范转包和违法分包两种关系，未规定借用资质的实际施工人以及多层转包和违法分包关系中的实际施工人有权请求发包人在欠付工程款范围内承担责任。因此，可以依据《建工解释一》第 43 条的规定，突破合同相对性原则，认定请求发包人在欠付工程款范围内承担责任的实际施工人不包括借用资质以及多层转包和违法分包关系中的实际施工人。

法官会议纪要虽然没有强制性效力，但经常作为法官办案的参考，由此可见代理律师提出的“实际施工人‘挂靠’L 施工单位的说法不妥”观点已经得到主流审判观点的认可。随后的诉讼过程中，一、二审法院对实际施工人是否挂靠施工单位进行了重点关注，并做了多方审查，但我方早

① 现已失效。

已做好应对。这也得益于长期专注于建设工程领域的代理律师对此案的准确预判，最终有惊无险。

二、工程结算款刚落定，两份“内部承包协议”起波澜

2022年2月27日，杭州市中级人民法院进行第一次开庭。其中，工程款结算金额的认定以及原告朱某、苏某是否为实际施工人的认定是本次开庭的重要争议焦点。

对于工程款金额，起诉时案涉工程虽已送审但未结算完成，但H城投公司已经交到当地区财政局委托造价咨询单位和复审单位进行审计。按常理来讲，如果结算未完成，一般需要原告申请工程造价鉴定。代理律师和当事人反复沟通，就鉴定利弊和费用进行了细致分析和比较，最终为了节约诉讼时间和鉴定成本，大胆决定不申请鉴定，而是催促结算审计单位出具审计报告。经过多轮结算核对会议，终于在一审诉讼过程中，H城投公司委托的造价咨询单位和当地区审计局委托的复审单位分别出具了《工程造价结算审定表》《工程结算复审核定单》，确认案涉工程造价为93,158,468.7元。这与实际施工人的心理预期较为接近。针对此工程造价的认定结果，朱某、苏某两位实际施工人也愿意接受。此举不仅顺利解决了工程款的问题，还节省了大量的时间和鉴定审计费用。

对于另一争议焦点，即朱某、苏某是否为实际施工人，虽然庭审中原告出示了原告自筹资金和自行组织施工人员、设备、材料等进场施工的证据，以便证明朱某、苏某系案涉项目的实际施工人。但庭审过程中横生枝节，被告律师当庭拿出了一份内部承包协议，表示该份内部承包协议与我

方提供的内部承包协议不同——两者虽然基本条款一致，但承包主体不同。该份内部承包协议合同主体注明苏某为内部承包人，朱某仅为苏某的担保人；而我方提供的内部承包协议里注明苏某和朱某皆为内部承包人。被告方律师还举证作为案件第三人的 L 施工单位为苏某缴纳了社会保险费，以此证明苏某和朱某不是案涉工程的实际施工人。更为糟糕的是，被告律师提供的该份内部承包协议，代理律师庭前不知情。法庭询问我方当事人该内部承包协议是否真实，我方当事人表示内部承包协议真实，但已作废。

庭后，对于我方是否为实际施工人这一事实进行了专项沟通。我方代理律师通过情况说明，补充提供案涉项目的流水、实际施工人与施工单位的对账情况来加强证明案涉工程系实际施工人施工。但最终一审法院判决还是以存在两份内部承包协议，且第三人 L 施工单位已为苏某缴纳社保为由，认定朱某、苏某非实际施工人。一审判决结果在遗憾中落幕。

三、数十份证人证言，一份劳动争议仲裁裁决书，“实际施工人”终证明自己是“实际施工人”

一审判决的主要依据是第三人 L 施工单位为苏某缴纳社保和被告方提供的内部承包协议，以此为证，从而判断朱某、苏某是内部承包而非实际施工人。经过和当事人多次沟通后，代理律师决定二审上诉主要从以下三个方面着手：

第一，通过劳动仲裁裁决书证明苏某并非第三人 L 施工单位员工。苏某之所以在 L 施工单位缴纳社保，是因为苏某有工程师、建造师等资质证书，缴纳社保是为了 L 施工单位施工资质的需要。我方代理律师提供的流水能清晰显示苏某每月收到的费用仅是资质证书的费用，除此之外，苏某并未领取工资。工资系由朱某和苏某的项目部发放，非 L 施工单位发放，苏某也未参与 L 施工单位破产后的工资债权的申报。最后我方通过苏某主动提起确认劳动关系的劳动仲裁，生效劳动仲裁裁决书确认了苏某非 L 施工单位的员工。

第二，通过大量的资金流水、聊天记录、票据等证明朱某对该工程项目确实投入了资金，实际参与管理。

第三，从案涉工程施工的资金筹集、方案编制、材料采购、设备设施租赁、施工管理、工程验收、工程结算各方面全方位证明朱某、苏某为实际施工人。

该部分所涉证据最为繁杂。例如涉及资金筹集，代理律师将案涉项目的几百条资金流水梳理成 EXCEL 表格，对案涉项目的资金来源逐一罗列成图表，证明案涉项目是实际施工人投入资金，第三人 L 施工单位未投入资金。

再如涉及组织人员施工，代理律师收集了 30 多名管理人员的身份证，让管理人员一一作出情况说明，并结合实际施工人支付管理人员的工资明细逐一对应。对项目所涉劳务班组（打桩、泥工、木工、钢筋工、架子工、安装、防水等）以及所涉材料供应商，均由其一一作出情况说明，且由代理律师逐个面谈，逐个做询问笔录，并申请二审法院将其作为证人出庭。

二审开庭时，考虑到法庭审理时间的限制，最终选出了管理人员代表、劳务班组代表、脚手架出租人、主材供应商、L 施工单位高管出庭作证。

二审法院最终认定朱某、苏某为实际施工人，有权向被告 H 城投公司在欠付工程款范围内主张向其支付工程款。二审裁定撤销一审判决，发回重审。自此，案件走向发生重大转折，我方迎来了阶段性的胜利。

四、施工单位破产情形下，发包人可否行使抵销权

重审发回后，对于实际施工人的认定二审裁定已有定论，但工程结算款的数额认定出现了难题。由于L施工单位已经破产，而另一起案件H城投公司诉L施工单位、T财保公司因工程逾期索赔之诉进入尾声，二审判决支持了H城投公司对L施工单位的部分赔偿请求（享有债权5155万元，T财保公司在担保金额3682万元范围内承担连带责任）。因此，本案中H城投公司提出其所欠的案涉工程价款要和其对L施工单位享有的5155万元债权进行抵销。

对被告H城投公司的观点，即施工单位破产情形下能否抵销——发包人欠付的工程款与发包人对施工单位工程逾期的索赔款，能否对实际施工人行使抵销权——并无可参考的案例。经过代理律师内部研讨，最终形成以下观点：

第一，《建设工程施工合同》系L施工单位与H城投公司签署，原告朱某、苏某并非合同相对方。合同相对性是基本原则，处理合同纠纷通常应遵循该原则，除非法律有规定。现原告依据的是《建工解释一》第43条向发包人主张在欠付工程款范围承担支付责任，除非案涉项目建设工程质量不合格造成损失的，否则H城投公司只能向第三人L施工单位主张违约金和赔偿损失，而不能突破合同相对性原则向实际施工人主张违约金和赔偿损失。

第二，原告并不存在质量不合格或者工期违约等过错，不应承担H城投公司对第三人主张的损失，为此，代理律师专门制作了时间轴来解释两原告不存在工期违约责任（见图7－2）。

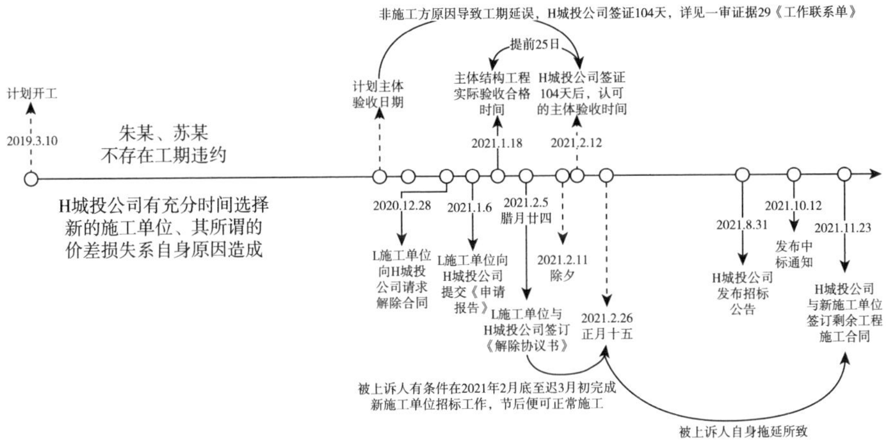

图7－2　朱某、苏某诉H城投公司、第三人L施工单位建设工程施工合同纠纷案时间轴

第三，代理律师认为《建工解释一》之所以突破合同相对性，允许实际施工人向发包人直接主张权利，隐含的是人身权高于财产权的基本法理，从而保护实际施工人背后农民工的工资性利益。由于欠付工程款中绝大部分属于农民工工资，这个属于人身权，而H城投公司主张的损失赔偿或违约金是一种财产权，人身权应高于财产权。而且H城投公司主张的损失赔偿或违约金与欠付工程款两者性质不同，无法抵销。

第四，H城投公司和L施工单位、T财保公司一案终审判决书中明确：欠付工程价款应当是指发包人欠付总承包人的工程款。该案施工单位和发包人之间的损失，和发包人欠付施工单位的工程款，两者性质不同，发包人主张抵销应付实际施工人的工程款，缺乏法律依据。

二审庭审时，由于材料众多，我方代理律师还专门将证据材料分门归类，起草专项说明，对证明某一观点和事实的证据进行分类整理，方便审判法官理解。最终，重审一审判决支持了我方的观点，即在L施工单位破产情形下，发包人应其对L施工单位享有的债权不能向实际施工人行使抵销权。

五、重审二审维持原判，案件执行到位，尘埃落定，律师代理工作获得客户高度赞誉

H 城投公司对重审一审判决不服提起上诉，主张工程款应进行抵销。为了与 H 城投公司抗衡，我方亦以合同解除后机械设备仍放置在施工现场所产生的租金损失应由 H 城投公司承担这一主张进行上诉。

在重审二审时，我方对合同解除后机械设备仍放置在施工现场所产生的租金的请求权基础、租金实际发生的数额、合同解除后机械设备仍放置在施工现场的原因等进行了深入的思考和证据挖掘。虽然最终重审二审法院对双方上诉请求均未支持，而是维持原判，但代理律师的努力仍受到了当事人的认可。

重审终审维持原判后，H 城投公司很快就履行了相应的生效判决。实际施工人起死回生，顺利拿回执行款，解决了案涉项目众多农民工的工资问题和供应商欠款问题。

案件结束后，当事人为了感谢代理律师，还专门邀请代理律师参加庆功宴，并高度赞扬了我方律师，认为“金道所律师是最靠谱的律师”。

妥善处理历史遗留问题，维护民营企业合法权益

——某无证商业大厦产权归属纠纷办案纪实

王全明[1]　唐小平[2]　王　杰[3]

[1] 王全明，金道律师事务所主任，法律硕士。

[2] 唐小平，金道律师事务所高级合伙人，本科学历。

[3] 王杰，金道律师事务所律师，法学硕士。

一、案件背景

某民营企业是在杭州某区成立较早的民营企业，成立以来一直投身当地的经济建设，为当地经济发展做出过重要贡献。二十二年前，浙江某政府部门与该民营企业签订了《某商业综合楼联建协议书》。双方约定共同建设某商业综合楼，由该政府部门提供其拥有的国有划拨土地，该民营企业提供全部建设资金，项目建成后，双方按约定比例取得各自应得的房屋产权和相应的土地使用权。此后，双方陆续签订多份补充协议，对联建事项进行补充约定。

2006 年，该政府部门取得案涉项目建筑工程施工许可证，该民营企业实际出资并组织项目施工。2008 年案涉项目竣工验收，经批准后正式命名为某商业大厦。此后，按照双方之间的联建协议约定，协议归属于政府方的房产和土地办理了登记，但因受限于政策和法律，协议归属于该民营企业的房产和土地（以下简称诉争房产）始终无法登记过户至该民企名下。因此，2018 年年底，双方又签署了《房屋使用协议》，约定了该民营企业对诉争房产享有 50 年的使用权，并特别约定如果该商业大厦具备办理产权登记条件时，政府方应无条件协助企业方办理房屋产权证。

2016 年，上级主管部门出台文件，将包括该商业大厦在内的国有资产统一划转到另一政府部门名下管理。划转清单附件载明的拟划转房产明确为已登记在政府方名下的房产，但不包括诉争房产。2019 年，上级主管部门又出台文件，将该大厦划转归当地某国企管理，但此次文件仅笼统表述为商业大厦的产权划转，没有作产权区分。此后，该国企出于国资管理的需要，向法院提起诉讼，要求确认联建协议及相关协议无效，并要求民企方腾退返还诉争房产。

二、本案诉讼的复杂性

该民营企业认为，其就商业大厦联建事项已和政府方签署过多份协议，并按约出资完成了建设，且实际占有使用房屋多年，其对诉争房产的权利应当得到法律保护；但其也深知，诉争房产因缺乏不动产权的公示登记，一旦败诉，将面临房产被收回，投资和收益两空的不利局面。因此，该民营企业找到金道所王全明主任律师团队，寻求专业法律支持，以维护自身合法权益。团队律师在接手该案后，对案件开展了深入研究讨论，认为本案存在一定的复杂性，具体表现为以下三个方面：

第一，本案时间跨度长，属于历史遗留的疑难问题。从双方签订联建协议开发房地产，到最后纠纷产生，前后历经二十余年，其间房地产政策和相关法律已发生很大变化，对案涉联建模式特别是用划拨土地进行联建开发的法律评价也有重大改变。本案诉讼发生后，如何理解和评价当年联建协议及相关补充约定的合法性及合理性，对代理律师是一个重大考验。

第二，本案各方主体曾就诉争房产签订过多份协议，不同协议之间还存在法律理解上的差异，各份协议的法律评价与当事人真实意思表示存在偏差。特别是 2018 年签署的《房屋使用协议》，合同双方当事人似乎有将物权法律关系转化为长期租赁法律关系的意思表示。但民企方陈述的是，在暂时无法办理房屋权属证书的情况下，双方通过这份《房屋使用协议》确认使用权，保障企业对诉争房产的合法使用，民企方并没有放弃诉争房产所有权的意思。如何在法理框架内准确理解各方的真实意思表示，存在一定难度。

第三，国有资产在不同主体之间的划转与民事法律关系中的物权确权，如何理解二者的区别与联系，需要论证资产划转与物权原始取得、继受取得的区别，这也给本案带来很大的法理挑战。特别是本案原告作为国有资产的管理方，究竟有没有权利提起本案诉讼？诉讼主体是否适格？与本案有无直接的利害关系？都需要充分论证和回应。

三、代理人的应诉思路

面对本案复杂的案情，代理律师认真分析研判，从程序和实体两个角度着手进行了有力抗辩，具体如下：

第一，案涉相关合同的双方当事人是该民营企业与当时的政府主管部门，原告国企方并非案涉合同的当事人，案涉相关合同与原告国企方没有利害关系。所谓“原告需与案件具有直接利害关系”，人民法院出版社出版的《新民事诉讼法条文理解与适用》阐述为：“利害关系在本质上是一种法律上的利益冲突，直接利害关系是不以其他权益主体的存在为媒介，双方直接发生法律层面的利益冲突，一方的民事权利直接因对方的行为遭受损害，而如果一方的行为间接导致他人民事权益遭受损害，则此种因果关系仅在事实层面存在，不属于直接利害关系。”① 原告国企方是嗣后通过国有资产内部划转取得房产的管理权，不能溯及地认为其与案涉合同有直接的利害关系，因而原告无权提起确认合同无效之诉。

第二，国资管理部门的资产划转文件，并不直接产生物权变动效果。案涉商业大厦建成以来，至今未办理房屋所有权登记，案涉土地使用权，

---

① 江必新主编：《新民事诉讼法条文理解与适用》，人民法院出版社 2022 年版，第 566－567 页。

并未登记在原告方名下，按照房随地走的原则，该房屋目前的所有权人应当是本案第三人（当初与民企方签订协议的某政府部门），而不是原告国企方。在案涉不动产登记到原告国企名下之前，原告国企方无法基于物权保护法律关系而直接与被告发生法律上的利益冲突，因此原告国企方在本案不具有直接的利害关系。

第三，从国有资产划转内容的接续关系来看，上级主管部门划给原告国企方管理的房屋面积理应只是协议归属政府部门的房屋，该部分房屋与被告民企方根据协议有权享有的房屋建筑面积互不重叠。2016 年的划转文件所附清单中，所划转的范围与协议归属政府部门的房屋面积对应，并不涉及该商业大厦的其余建筑面积。该批复文件亦间接说明，直至当时，上级主管部门亦认可该大厦的其余部分权利应归被告民企方享有。虽然 2019 年的划转文件并没有区分权属，但基于前述划转历史沿革，也应作相同理解。

第四，案涉联建协议并非“合作开发房地产合同”，不存在无效之情形。房地产开发，是房开企业以项目转让或者商品房销售为目的而进行的建设行为；而合作开发房地产，则是基于共享利润、共担风险的原则，以土地使用权、资金等共同投资、共同经营的活动。双方基于前述目的、原则而签订的共同经营的合同，才属于真正的合作开发房地产合同。本案房屋联建合作模式是：全部由被告民企方出资，以政府部门的名义在政府部门的划拨土地上建造房屋，待房屋建成并完成土地出让手续办理后，再将部分房屋的产权过户登记至被告民企方名下。由于所有建设活动均以政府部门的名义实施，故对于政府部门来说，建设阶段本质上属于单位自建房屋，该阶段民企方的角色实际相当于垫资代建单位。双方约定待房屋建成后，被告可以第三人的名义办理土地出让手续并进一步将部分房屋过户登记至被告名下，该阶段双方之间的关系，实际更接近于房屋买卖合同关系。因此，不同于房开企业以项目转让或者商品房销售为目的开展的合作，案涉联建协议均是以自持房屋为目的，不存在共享利润、共担风险、共同经营的情形，不能等同于合作开发房地产协议。

第五，法律适用方面，新法并未规定在划拨土地上开发和使用房产，相应合同属于无效合同。2005 年通过的《最高人民法院关于审理涉及国有土地使用权合同纠纷案件适用法律问题的解释》第 16 条已在 2020 年该司法解释修正时被删除。修正后的司法解释已不存在这种情形下的无效规定。原第 16 条规定："土地使用权人未经有批准权的人民政府批准，以划拨土地使用权作为投资与他人订立合同合作开发房地产的，应当认定合同无效。但起诉前已经办理批准手续的，应当认定合同有效。"修正后的司法解释删除了这些内容，这说明最高人民法院已充分意识到，关于在划拨土地使用权上设立权利负担的相关规定，并不当然导致合同无效，故与时俱进，适时就类似问题作出了修正。这也与《民法典》以及最新的合同编司法解释的立法理念相呼应。

总之，代理律师从程序和实体两个角度，结合法律法规的历史梳理和法理论证，对本案的争议焦点作了充分、细致的说理。2023 年，法院作出裁定，认为"划转至原告名下的房屋并不包括房屋使用协议约定由被告占有使用部分""案涉联建协议书等合同是否有效，并未影响原告的直接利益"，进而驳回了原告国企方的起诉。

四、本案代理工作的亮点

由于本案并非常见典型纠纷，又涉及国有资产保护和民营企业权益保障等问题，这给本案代理工作带来了很大挑战性。在各方共同的努力下，本案最终争取到了一个相对圆满、公正的结果，其中代理工作也可圈可点。代理工作的亮点表现如下：

第一，代理律师详细梳理了二十年间关于房地产开发建设法律规定的改变，及其背后的法理理解与价值评价的变化，在案涉联建协议的定性问题、划拨土地未经批准进行合作开发的合法性问题上，给出了相对客观合理的解释方案，将本案房屋联建模式与一般意义上的以划拨土地进行房地产合作开发的模式作了明确区分，论证该模式下不存在合法性问题。

第二，代理律师充分梳理了国有企业资产划转与物权原始取得、继受取得之间的法律关系，提出"国有资产划转文件本身并非不动产物权的归属证明，不产生民法意义上的物权变动效果"的创新性观点，从法理层面梳理了国有资产划转与物权权属变动之间的底层逻辑，厘清了该类合同的效力认定问题，为今后解决类似纠纷提供了一定的指导和借鉴作用。

第三，本案诉讼解决了当地一个重要的历史遗留问题，维护了民营企业家合法权益和营商环境，重铸了民营企业与政府之间的诚信桥梁，修复了民营企业与政府之间的信任纽带，案件裁判结果带来正面的社会影响。

五、办案启示

本案之所以会积而成讼，一方面是因为合作初始该民营企业就缺少合规意识，没有将相关协议和约定纳入法律保护的框架内考虑；另一方面是因为法律条款的变化以及双方合意内容的变化，将本案的争议问题进一步复杂化和模糊化，导致原本应由联建协议双方内部解决的权属争议，最终只能以法院裁判的方式解决纠纷。这些问题都给司法机关带来很大挑战，给法律工作者带来难题。

对于律师而言，这类案件的应对处理，要充分考虑历史背景和社会效果。这就要求律师对法律规定的理解，不能仅局限于法条文本，还要综合立法精神的变化、权利保护的合理性、社会公平正义等角度，进行综合分析论证，寻找最符合实际情况、最能保护当事人合法权益的维权路径。

对于企业方而言，在项目开发建设时，应加强法律意识，不管口头协商如何，最终要落到纸面的文件。一定要确保在法律可以保护的框架内，并且要预留后路。在相关权利主张无法实现的情况下，明确约定如何进行权利救济。唯有如此，才能尽可能避免产生不利局面，尽可能维护自身合法权益。

高效保全　精准定性
助推旅游业高质量发展

——某十亿元合伙份额回购纠纷案件办案纪实

王潭海[1]　陈家欣[2]　汪佳雨[3]

[1] 王潭海，金道律师事务所咨询与监督委员会副主任，法学硕士。

[2] 陈家欣，金道律师事务所权益合伙人，法律硕士。

[3] 汪佳雨，金道律师事务所律师，法律硕士。

一、案件背景

山水浙江，诗画江南。浙江省丽水市青田县有一处浙江省最大的峡湾型人工湖——千峡湖，千峡湖地貌独特，有着罕见的高山峡湾风光和生态美景，是继西湖、千岛湖之后的第三大美女湖。2015 年千峡湖地区的旅游业逐渐兴起，其生态旅游度假区也于该年 6 月开始建设。以青田侨乡的背景和难得的峡湾资源优势，千峡湖生态旅游度假区的目标是建成一个集观光旅游、休闲度假、会议培训、养生居住等多种功能于一体的国际峡湾山镇旅游度假目的地。因而，该地区旅游开发建设公司的资源整合与发展也是助力当地旅游业经济的重要环节。

A 资产管理公司与 B 公司、C 公司于 2016 年签订合伙协议与补充协议，成立 D 合伙企业，并以该合伙企业进行投资，投资范围为收购 E 旅游开发建设有限公司原股东持有股权并对该公司进行增资。但因为后期 B 公司与 C 公司未按照协议内容履行义务、分配收益，A 资产管理公司拟收回 10 亿元出资额，同时要求 B 公司、C 公司履行差额补足及收购义务，这一行为最终导致了一场纠纷。

本案各主体的基本关系如下（见图 9－1）。

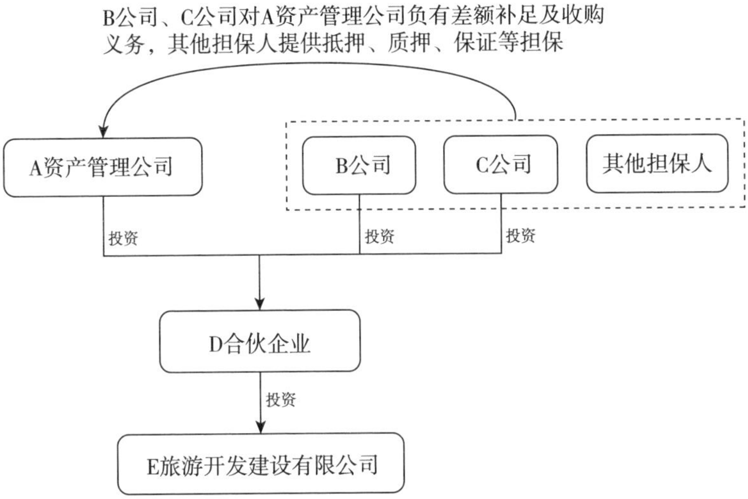

图 9－1　各主体基本关系

金道律师事务所于 2021 年接受 A 资产管理公司的委托，迅速组建团队，多次展开会议，高效推动案件进展，最终顺利实现财产保全与一审二审的胜诉，帮助委托人收回 10 亿元合伙份额收购价款及相应预期收益。

此次案件不仅维护了委托人的合法权益与市场秩序，也推动了千峡湖旅游资源的整合，积极响应了国家提升旅游业市场主体质量的政策号召，为各类市场主体投资旅游和创业创新的积极性保驾护航，助力旅游业高质量发展。

二、高效保全，迅速回款 5 亿元

在接到 A 资产管理公司的委托后，律师团队第一时间与 A 资产管理公司的负责人、项目经办人等进行会议沟通，会议过程氛围融洽且效率极高。在委托人的配合下，案涉证据得以妥善保存，律师团队快速掌握相关证据，并列明证据清单，形成了清晰完整的证据链。证据在诉讼中占据着举足轻重的地位，它如同无冕之王，不仅能够真实反映案件事实，更是为诉讼的顺利进行奠定了坚实的基石。

经证据梳理后，律师团队与 A 资产管理公司共同确定了以 B 公司、C 公司及其他担保人作为被告的诉讼方案。但随即出现的问题就是，如何确定管辖法院？

在实践中，各地法院对于民事诉讼财产保全审查标准、担保要求、保全顺序、保全速度不尽相同。面对 10 亿元如此巨大的标的额，起诉与保全的提出以及管辖法院的选择是委托人能够更顺利实现财产权益的关键。而且本案交易内容非常复杂，涉及多个合同且合同约定的管辖法院并不相同，这给当事人选择管辖法院留下了空间。

为了最大化地实现委托人的利益，律师团队需要在《民事诉讼法》规定的框架内选择财产保全最高效的法院。只有迅速、足额地保全被告有价值的财产，才能避免当事人落入“徒有胜诉判决而无法执行”的尴尬境地。

随后，律师团队综合地域优势，通过高效沟通，以充分的证据为支撑，向 D 市法院提起诉讼并申请保全。最终，从提交起诉材料并申请财产保全到全部保全措施完成，为期不到两周。对方当事人之一的 B 公司也在保全裁定书下达后的 1 个月内，按照《差额补足与收购协议》的约定，履行了支付 5 亿元合伙份额收购款的义务。在起诉与保全的第一仗中，律师团队真正实现了“办案快、目光准、执行（保全）狠”的目标，最大限度地保障了委托人的权益实现。

三、精准定性，确定回购协议有效

D 市法院受理本案后，对方当事人以《差额补足与收购协议》的约定管辖为由向法院提出管辖权异议。面对对方提出的管辖权异议，律师团队从容应对，更是以此借力，在一审中变更了诉讼请求，明确该协议构成我方当事人的请求权基础，以此提出对方当事人共同支付剩余合伙份额收购款 5 亿元。最终本案一审移送至 E 市中级人民法院审理。

在案件审判过程中，C 公司为逃避履行回购义务与担保责任，意图将委托人的合伙出资界定为“名股实债”，并且认定为私募资金的违规放贷，不仅在专属管辖方面提出由 E 市金融法院管辖，更是以此主张协议无效。

面对对方的抗辩，律师团队沉着冷静，在一审中坚持认定我方出具协议皆是双方的真实意思表示且合法有效，所有诉讼请求都能够由相对应的证据支撑。通过构建一套强有力且清晰完整的证据链，律师团队成功地还原了案件事实，终而在一审中胜诉。

即使一审完美胜诉后，团队也并没有掉以轻心，始终秉持着“鉴往知来、砺行致远”的态度和决心继续前行，以确保案件最终能取得圆满的成功。在对方上诉后，团队通力协作、精益求精，熟练应用诉讼经验，在海量的裁判文书与过往案件中进行类案检索，沉淀专业经验，从具有权威性的判例中研究“名股实债”的定义，结合具体案情分析要件，提炼出符合此次诉讼争议的观点，形成系统且有说服力的报告，以证明合伙企业的合伙人之间约定固定收益率的合伙份额回购协议不违反法律、行政法规的强制性规定，应认定为合法有效，以此来加强法官心证。

在二审中，我方团队律师直指争议焦点：对方当事人想以“名股实债”的主张回避自身支付义务，但“名股实债”并非法律概念，因而无论对案涉协议的性质如何认定，对方当事人均系债务人。如此主张一针见血地回应案件本质，有力地反驳了对方观点。在面对对方无理的抗辩和企图通过司法程序拖延债务偿还的不当行为时，律师团队展现出坚定的立场，积极维护了当事人的合法权益，并坚决捍卫了公平公正的司法原则。最终，二审法院判决驳回了对方上诉，维持一审判决。

正是在律师团队的竭诚努力下，对方当事人最终被判令履行差额补足及收购义务，担保人被判令承担相应范围的担保义务，委托人 A 资产管理公司顺利收回出资额 10 亿元及相应投资收益。

四、本案胜诉的意义

金融机构、资产管理公司等投资人在对外投资时往往通过与被投资人约定“差额补足及回购”来降低投资风险。但一旦投资出现亏损，被投资人往往主张“差额补足及回购”的约定无效。然而，司法实践中对于此类约定的效力尚未有明确定论，这导致金融机构、资产管理公司在开展投资活动时充满顾虑，一定程度上抑制了有效投资。

以本案为例，本案核心的争议焦点就在于案涉《差额补足及收购协议》是否有效？这一争议焦点又可以进一步细化：首先，固定收益率的投资份额回购约定是否有效？其次，合伙企业中合伙人之间约定固定收益率的投资份额回购是否有效？

针对上述争议焦点，对方当事人抗辩认为本案固定收益率的投资份额回购约定构成“明股实债”“刚性兑付”“通道业务”，故约定无效。对方当事人同时抗辩认为，合伙企业中合伙人之间约定固定收益率的投资份额回购违反了合伙企业“利益共享、风险共担”的基本原则及公平原则，应属无效。

团队律师为此提交了最高人民法院以及浙江、广东、江西等地高级人民法院判决的多个类案供法院参考，并结合《民法典》《九民纪要》《最高人民法院民二庭第 5 次法官会议纪要》以及权威刊物刊载的最新专业文章进行了充分说理。

最终，一审、二审法院均认为《差额补足及收购协议》合法有效。本案的胜诉意味着固定收益率的投资份额回购约定原则上是有效的，合伙企业中合伙人之间的此种约定原则上也是有效的。随着这一裁判规则的逐渐明晰，更多的投资人能够据此在今后投资过程中更有信心地运用此类风险控制手段，也能在投资亏损时更大程度地挽回损失。本案对于积极扩大有效投资，促进经济平稳健康发展具有重大意义。

五、结　语

金道律师事务所的专业法律服务不仅维护了委托人的合法权益和市场秩序，也推动了千峡湖旅游资源的有效整合，响应了国家提升旅游业市场主体质量的政策号召，为市场主体投资旅游和创业创新提供了有力的法律保障。

国企“遇险”律师临危受命
法院“改判”刑民得以两全

王晓辉[1]　陈　雷[2]

[1] 王晓辉，金道律师事务所管理合伙人，法学硕士。

[2] 陈雷，金道律师事务所律师，法律硕士。

一、案件背景

冯某系某国有企业集团下属 HS 公司的员工，在职期间伪造公司印章，雇用人员冒充公司员工身份，以 HS 公司、ZH 公司等名义与上游十余家供应商签订《设备购销合同》，取得大量电子设备后，通过闲鱼等线上或线下交易的方式将设备低价出售给下游客户。2020 年 11 月，冯某因犯伪造公司印章罪被人民法院判处有期徒刑一年。

在冯某服刑期间，多家供应商相继以未履行签订的《设备购销合同》为由向 HS 公司、ZH 公司等催要货款，该国有企业集团至此才发现冯某冒用公司名义与上游供应商签订了大量《设备购销合同》的情况。但是，人民法院已经认定冯某犯伪造公司印章罪并作出了生效判决，并未认定冯某冒用公司名义签订《设备购销合同》骗取款项的行为构成合同诈骗罪。更为重要的是，原审判决未对《设备购销合同》的效力作出评价，在《设备购销合同》效力不明且冯某欠付十余家供应商天价货款的情况下，HS 公司、ZH 公司等面临着极大的法律风险。

为维护公司合法权益，化解巨额货款背后的法律风险，集团求助于浙江金道律师事务所，委托金道所针对这一事件提供专项的法律顾问服务。在首席合伙人胡祥甫律师的指导下，金道所紧急成立专项法律服务团队为该集团提供法律支持，并以被害单位代理人的身份参与刑事诉讼程序，以期推动司法机关纠正先前结论，认定冯某构成合同诈骗，从而为 HS 公司、ZH 公司等化解巨额货款背后的法律风险。

二、办案过程

本案中，原审判决已经认定冯某的行为构成伪造公司印章罪而非合同诈骗罪，推翻原审判决并改变定性十分不易。此外，冯某辩解称虽然冒用公司名义签订《设备购销合同》，但自己始终有履行的意愿，后续欠付上游供货商货款系因市场行情不好造成，自己不存在诈骗上游供货商的意图，因此，合同诈骗罪中主观上非法占有目的的认定成为最大的难点。团队律师介入后一致认为，本案的首要目标在于打消司法机关对冯某行为定性的疑虑，从事实、证据及法律定性三个层面说服司法机关认同以合同诈骗罪追究其刑事责任的观点。

为了推进工作质效，承办律师团队在胡祥甫律师的指导下组成二人工作小组，相互配合开展调查取证工作，在侦查阶段为公安机关的侦查提供了大量支持。在案件到了审查起诉阶段后，承办律师还针对案卷材料所反映的基本事实，抽丝剥茧，不断深挖，对在案证据进行层层分析，提炼出了大量足以认定冯某行为构成合同诈骗的事实依据，在此基础上撰写了多份法律意见书并提交给检察机关。

要证明冯某具有非法占有目的之前，得证明其根本就没有支付货款的意愿和能力。团队律师结合《设备购销合同》、在案交易记录、《审计报告》等大量证据，对冯某的采购价格与出售价格进行对比。通过仔细计算后发现，冯某的出售价格远低于采购价格，最高也只占到采购价格的79.81%，实际损失率竟然高达40%以上！根据这些数据，显然可以判断冯某的商业模式根本不具有可营利性，其存在的是长时间、大规模的“高买低卖”反常交易活动。换言之，就是在做赔钱生意。最终，承办律师向司法机关明确提出：冯某长期“高买低卖”的行为属于“灭失性处置”，据此足以确定冯某不是为了做生意赚钱，而是通过骗取设备低价出售获利，这可以推定其主观上具有非法占有目的。基于此，承办律师提交了法律意见，并提供了大量类似案例作为支撑。

除此之外，团队律师针对冯某辩解中的各项理由，一一回应击破，充分论证冯某的资金窟窿就是其“高买低卖”业务模式所造成的，冯某关于其经营模式盈利的辩解毫无事实依据，而且逻辑上也无法自洽，所谓自己努力尝试扭亏为盈的辩解也与事实不符。律师在意见书中明确提出：冯某从开展该业务模式之初便以高买低卖方式变现货物，根本没有获利的销售渠道，也无履约能力；其通过所谓“账期”骗取被害人大量货物，为掩人耳目继续行骗，以从后续客户处骗取的货款来弥补前期供应商货款，纯属拆东墙补西墙而已。

团队律师通过专业的法律意见与坚持不懈的沟通，结合牵连犯择一重处断的刑法原则，终于成功说服了公安机关、检察机关。冯某的前述行为被认定构成合同诈骗罪而非伪造公司印章罪。与此同时，律师结合相关证据，成功控告了冯某在任职期间另一起利用职务便利侵占公司款项的职务侵占事实。

为确保冯某合同诈骗一案的最终落地，从而为客户单位的合法权益全程保驾护航，团队律师作为被害单位代理人，一直保持与司法机关的沟通，特别是在法院审判阶段，还与承办法官充分交流了冯某行为构成合同诈骗的事实依据与法理逻辑。最终，团队律师成功说服人民法院启动了复杂的审判监督程序，以纠正先前对冯某仅以伪造公司印章罪论处的生效判决。在重新审理过程中，人民检察院撤回原先起诉并由人民法院裁定准许，在裁定生效后再由人民检察院重新起诉冯某合同诈骗、职务侵占案至人民法院，后由人民法院对案件进行审理。

三、案件结果

在复杂的审判监督程序之后，人民法院经过审理，最终依法认定冯某犯合同诈骗罪、职务侵占罪，数罪并罚合并执行十七年有期徒刑，现判决已生效。因冯某冒用公司名义签订《设备购销合同》骗取款项的行为被认定为合同诈骗的犯罪事实，供应商也不再具有向 HS 公司、ZH 公司等索要货款的法律依据，数千万元货款背后的法律风险得以成功化解，国有企业集团及其下属公司的合法权益终获保全，可谓“刑民两全”“一箭双雕”。

四、办案心得

本案案情重大，疑难复杂，案涉刑事诉讼中的实体问题和程序问题，如非典型合同诈骗罪中非法占有目的的认定、牵连犯的处断原理、审判监督程序与一审程序的衔接等许多专业问题。最终，通过律师团队的专业和努力，为客户挽回了损失，也争取了最好的办案结果与社会效果。关于本案的办理，律师团队有以下几点思考与读者分享。

一是经济类犯罪中非法占有目的的认定。非法占有目的的认定一直是难点，而且是刑法上争议比较大的问题。以本案为例，冯某一直以“自己有履约意愿与履约能力”作为主要辩解的方向，主张自己主观上并无非法占有目的。但是，非法占有目的的认定应当坚持主客观相一致的原则，不能仅以被告人自己的供述为依据，应当结合案件的客观事实推定被告人主观上是否具有非法占有目的。《全国法院审理金融犯罪案件工作座谈会纪要》就列举了“明知没有归还能力而大量骗取资金”“非法获取资金后逃跑”“肆意挥霍骗取资金”等推定非法占有目的的情形。

二是对牵连犯的处理问题。牵连犯的处断原则是择一重罪论处，但司法实践中仍然存在仅处罚手段行为而忽略目的行为、未能贯彻择一重罪论处原则的情况。导致这类情况发生的因素往往是多方面的，包括指控重罪的证据不足、侦查工作不全面等。作为律师，在具体刑事诉讼过程中需要从辩护人与被害人代理人两个角度看待这一问题：从辩护人的角度来看，要充分向当事人提示潜在的法律风险，即案件将来可能存在新的变化等；从被害人代理人的角度来看，要充分挖掘案卷材料中的线索、证据，帮助司法机关全面认定事实与罪名，以维护法律的正确实施。

三是审判监督程序的启动问题。审判监督程序在刑事诉讼司法实践中并不常见，特别是本案所经历的审判监督程序与一审程序的衔接过程比较特殊，值得参考。本案中，为了纠正原审判决中对冯某构成伪造公司印章罪的认定结论，在律师的推动之下，由人民法院启动审判监督程序重新审理。在重新审理原案件的过程中，由人民检察院撤回起诉并由人民法院裁定准许，在裁定生效后再由人民检察院起诉冯某合同诈骗、职务侵占案至人民法院审判。这一过程充分体现了司法的能动性。

7000万元基金投资血本无归谁来赔 律师剑指基金管理人

——基金合同纠纷系列仲裁案件纪实

申柱石[1]　吴　婕[2]　邱馨谊[3]

[1] 申柱石，金道律师事务所高级合伙人，法学学士。

[2] 吴婕，金道律师事务所律师，法学硕士。

[3] 邱馨谊，甘肃政法大学法律硕士。

2018 年，多位杭州投资人收到某支基金的推介材料。推介材料显示该支基金为私募股权投资基金，基金募集的全部资金将收购一房地产企业股权，并最终用于与实力雄厚的国有房地产企业合作，共同开发福州市某房地产项目，且基金管理人为背靠国企的专业机构。出于对该项目和基金管理人品牌的信任，客户纷纷投资，但始料未及的是，基金管理人未经投资人同意，中途改变了投资结构，改换了投资方向，导致本应在 12 个月后收回本息的基金，在投资人收取了两次收益后再无回款。协议约定的期限届满时，基金不仅无法兑付，基金管理人还单方面宣布将基金无限延期至“基金持有资产全部变现完成之日止”。但直至 2020 年，投资人也未收到任何关于基金资产处置的有效反馈，投资人的全部投资血本无归。

W 女士就是其中一位投资者，在多方求助无门后来到金道律师事务所，寻求专业的法律帮助。本团队律师接受委托后，初步认为案涉基金管理人存在过错，理应当对 W 女士投资案涉基金产生的损失承担赔偿责任，并就此代理 W 女士，开始了长达两年半的维权之路。这期间可谓一波三折，经历了非诉处理、仲裁裁决、仲裁引发的两次诉讼及执行。对方用尽一切程序企图逃避法律责任，但在律师的抽丝剥茧之下，基金管理人的过错无处遁逃。最终，W 女士在 2023 年 3 月获赔全部基金投资本息，挽回全部投资损失。律师团队在该案办理中展现出的专业水平和职业素养获得了客户的高度认可。由于案件效果相当圆满，W 女士自发为律师团队进行宣传。随后，同支基金的其他 19 位投资人陆续前来委托，案件形成系列，总标的逾 7000 万元。目前，该系列案件中，已经又有一位投资人 Z 先生获得了本息全额赔偿，剩余 18 起案件也在积极推进当中。

一、主体行为复杂　可视图表协助

本律师团队接受委托后，首先考虑通过向基金管理人发送律师函并争取非诉谈判处理，从而帮助委托人低成本、高效率地解决纠纷。但经多次试图与基金管理人进行联系后，律师团队发现基金管理人一直推诿责任、拒绝沟通，并坚称委托人财产全部损失系正常的投资风险。因此，在律师团队的建议下，委托人选择按照基金合同的约定，向基金管理人提起仲裁。

在准备仲裁文书过程中，律师团队认真研读了委托人提供的所有案件材料，发现原定基金投资方向和投资结构为：基金管理人 B 公司募集不超过 3 亿元基金财产，与 A 公司、C 集团公司共同投入 D 合伙企业，通过 D 合伙企业向 C 集团公司收购 E 公司 99% 股权，后 E 公司与央企控股的 F_1 公司合作，共同开发位于福州市中心的 F 房地产项目；在项目到期后如果无法达到预定收益，则将由 C 集团公司回购 E 公司股权。

但通过细读基金管理人在基金管理人网站披露的 30 余篇信息披露报告后，律师团队发现案涉基金在未经全体投资人同意的情况下，仅有 5000 万元投资到原定 F 房地产项目，其余 2.5 亿元已经连续向 C 集团公司的多家关联公司出借，最终投入了与原定投资项目全然无关的 C_2-1 公司房地产项目。经调查后，团队还发现，原定投向 D 合伙企业的投资人为 A 公司、基金管理人 B 公司及注册资本超过 50 亿元的 C 集团公司，但实际投资时，两个自然人持股、注册资本仅有 1000 万元的 G 公司代替 C 集团公司成为劣后投资人。就此，在未经全体投资人知情并同意的情况下，基金管理人自行变更了基金的投资结构和投资范围，最终导致风险不可控，投资人的投资本息全部损失。这个过程中，基金管理人明显存在违反基金合同约定、违反管理人信义义务的行为。

由于真实的基金投资结构和范围发生了改变，与基金募集阶段的宣传、基金合同的约定已经有较大区别，且整个流程中涉及约20个主体，律师团队制作了简明的图示，使复杂的流程可视化、清晰化，为向仲裁庭申明案件事实提供了很大便利。

二、发现关键证据　揭露背后真相

审视整个基金真实投资结构，律师团队发现资金的最终流向为C集团公司及其关联公司，仿佛C集团公司才是本次基金运作的受益人。基金管理人B公司为什么愿意冒着违法风险设计这样的基金架构呢？律师团队通过进一步调查，发现了一份重要的法院判决书。判决书显示，基金管理人B公司与C集团公司关于本案案涉基金签订的股权回购协议，并非真正的商业对赌协议，而是有固定收益的变相借款协议。该股权回购协议对案涉基金投资项目进行了业绩约定，如案涉基金向C集团公司收购E公司股权后，原定投资的F房地产项目无法达成高额收益，则由C集团公司将前述股权全部回购。但实际上案涉基金设立时，F房地产项目地块并未取得三证审批，并有地上建筑尚未拆除，在基金约定的12个月内该项目根本不可能完成拆迁、审批、开发、销售的过程。据团队计算与核对，投资人曾经收到的两次投资收益也并非项目营收回款，而是C集团公司向基金管理人B公司支付的定额“股权溢价款”或称借款利息。而基金管理人B公司和其关联公司通过设计本案基金架构，能够从C集团公司获得高额的“股权溢价款”和“咨询费”，其金额远超基金管理人在案涉基金中能够获得的管理费。因此，基金管理人 B 公司冒着违法违约的风险，违反对基金投资人的忠实义务，设计了案涉基金，欺诈投资人投资入局后，将利益输送至与其合作的 C 集团公司。

至此，本案基金管理人的违法行为明确，违法行为背后的逻辑也被揭露出来。律师团队通过全面的证据组织和犀利专业的庭审发言，使基金管理人的责任无处遁逃。最终，仲裁庭作出裁决，认定基金管理人 B 公司违反管理人信义义务，与投资人本息全部损失存在因果关系，且基金财产无法处置，投资人损失已经确定，基金管理人应向委托人赔偿包括本息在内的全部投资损失。

仲裁庭下达裁决书后，律师团队又代理委托人向法院申请执行仲裁裁决。基金管理人 B 公司为拖延执行程序，连续向法院提起了不予认可仲裁裁决之诉、撤销仲裁裁决之诉。律师团队进行了一一应对。最终，基金管理人均在开庭后主动撤诉，执行程序得以继续进行。2023 年 3 月，委托人亲自到达执行法院，签字领取了全部执行款。至此，案件圆满结束，委托人的全部投资损失得以挽回。

三、办案启示

近年来，随着权益市场的发展，基金投资正逐渐成为越来越重要的理财方式。但高收益常常也伴随着高风险。除了基金市场本身的波动之外，管理人是否勤勉尽责也关乎着投资人的财产安全。投资人很难通过自身的渠道实现对基金管理人履职的监管，这就需要律师通过专业的知识和丰富的实务经验协助投资人进行分析判断，以最大限度地维护投资人的合法权益。

历时三年迂回曲折　千万执行款终到位

——一起超复杂执行案件的办案纪实

杨帅杰[1]　林　丹[2]

[1] 杨帅杰，金道律师事务所高级合伙人，理学硕士。

[2] 林丹，金道律师事务所权益合伙人，法学学士。

一、案件背景和效果

我们常说，执行是实现司法公正的“最后一公里”，如果法院判决得不到有效执行，司法公正和权威就难以彰显。在案件执行的漫漫征途中，每一步都犹如跋涉在未知与挑战并存的险峻山峰之上，令人望而生畏，需要律师付诸极大的专业和耐心，方能攻克。作为一起涉及巨额资金的民间借贷纠纷案件，本案执行过程历时之久和复杂程度，在法律实践中实属少见，犹如一场考验智慧与毅力的马拉松。

时光回溯至2021年1月，委托人（申请执行人）怀揣着沉重的心情，踏入了金道律师事务所的大门。他们希望借助律师的专业力量，追回被执行人所欠的巨额债务。面对这一重任，笔者及所在团队深感责任重大，决心不负所托，为客户捍卫合法权益。

随着对案件的深入调查，一个庞大的债务网络逐渐浮出水面。被执行人不仅包括四家公司和两名自然人，他们背负的债务总额更是高达惊人的100亿元。面对如此庞大的债务压力，追回债款的难度无异于在荆棘密布的丛林中寻找一条通往光明的道路。

本团队律师并未被困难吓倒，而是凭借丰富的法律专业知识和实务经验，精心制定执行策略，以坚定的执行力迎接每一个挑战。经过三年的不懈努力，本团队律师终于克服了重重困难，成功地为客户追回了2000余万元的执行款。如今，虽然仍有部分财产在处理中，但金道律师已经为委托人赢得了宝贵的胜利！

二、办案策略

（一）积极找寻财产线索，及时申请法院冻结

本团队律师接受委托后，立即投入紧张而有序的工作中，通过多方渠道对被执行人的财产线索展开了细致入微的调查，未放过任何一丝可能的信息，力争为成功追回欠款走好坚实的第一步。

经过不懈努力，本团队律师终于发现了一条重要线索——被执行人ZHKG对其关联公司ZHZY拥有高达7亿多元的债权。这一发现让律师们看到了追回欠款的希望，但同时也面临着新的挑战。因为关联公司ZHZY已经进入了破产程序，这意味着该笔债权的实现将受到诸多限制和不确定性。

面对这一复杂情况，本团队律师进一步深入调查，了解到被执行人ZHKG已经向破产管理人申报了这7亿元的债权。于是，本团队律师迅速行动，立即向执行法院递交了申请，请求冻结该债权对应的分配款。

在申请提交后，本团队律师继续保持高度关注，密切跟进执行法院的处理进度，及时与法官沟通，确保申请得到妥善处理。最终，经过本团队律师的努力，确认执行法院为首封法院，为后续的对债权分配款的执行奠定了坚实的基础。

（二）凭借十年破产案件办理经验，成功打消破产管理人的异议

因ZHZY破产案件涉及债权人众多，被执行人ZHKG清偿分配比例仅为约3%，使原本庞大的7亿元债权最终对应的分配款仅为2200余万元。祸不单行，ZHZY的管理人又向执行法院提交了一份《异议书》，意图撤

销之前发出的《协助执行通知书》，理由是 ZHZY 曾为 ZHKG 的债权人黄某提供抵押担保，而黄某已经获得了 2245 万元的清偿款。因此，管理人依法向 ZHKG 追偿，并主张在扣除 ZHKG 的全部清偿款项 2200 余万元后，ZHKG 可受偿的分配金额实际上为 0。

面对这一突如其来的异议，本团队律师迅速作出反应，经过论证分析后，认为管理人所提出的异议在事实和法律上均不成立，且根据法律程序，此类异议应通过执行异议程序进行审查和处理。然而，令人遗憾的是，执行法院并未受理这一执行异议，而是建议当事人直接通过债权人代位权诉讼来争取这笔款项。

本团队律师凭借十年办理破产案件的丰富经验，据理力争，立刻向执行法院详细阐述了管理人异议的不妥之处，并请求法院进一步向管理人了解 ZHKG 的债权、抵销及扣除黄某债权的具体情况。经过多轮沟通协调，本团队律师向执行法院提出申请，成功从破产管理人处调取到了《债权分配方案》《债权分配方案实施细则》等重要的破产法律文书。这些重要的破产法律文书进一步印证了本团队律师的观点——管理人提出的抵销或扣除并未向破产债权人进行过公示，更没有明确的法律文书，ZHKG 作为破产债权人依法享有债权分配款。这也为本团队律师向执行法官论证管理人异议不成立提供了有力的证据支持。

尽管事实已经摆在眼前，但程序上的推进仍然困难重重。执行法院坚持不通过执行异议程序处理此事，并告知即使异议得到处理，也无法向破产管理人强制执行该笔债权分配款。面对这一困境，本团队律师并未放弃，而是转变思路，变换角度，从如何督促破产管理人履职角度出发，向执行法院提交申请，建议执行法院发函给破产案件的受理法院，从而督促管理人依法履行其职责。

最终，本团队律师“曲线救国”的思路收获了成效，管理人将 2200

余万元的分配款汇至执行法院指定的执行账户。这一成果不仅为申请执行人追回了巨额欠款，也为金道律师在破产案件执行领域树立了新的典范。

（三）积极谈判寻求共赢，申请人撤回破产申请

在执行法院处理的另一起执行案件中，被执行人 ZHKG 同样牵涉其中。就在我方申请执行人向法院申请发放执行款之时，另一申请执行人迅速行动，向执行法院提出了对 ZHKG 的破产申请。这一举措无疑给我方的执行工作带来了新的挑战。因为 ZHKG 一旦破产，执行法院执行到的 2200 余万元将被依法保全作为破产财产，委托人将只能通过破产财产分配的方式按债权比例取得少量款项。毕竟 ZHKG 的债务高达 100 亿元。

执行法院在接到破产申请后，立即向 ZHKG 企业注册地法院发送了《破产移送决定书》，进行破产审查。得知这一消息后，本团队律师立即从多方面了解 ZHKG 的实际情况，并向破产审查法院依法论证不应当受理债权人对 ZHKG 的破产申请。

然而，破产审查的进展并未如预期那样顺利。破产审查法院在接到决定书后，并未在法定的一个月内作出是否受理破产清算的裁定。相反，破产审查法院虽然组织了各方进行听证，但是以 ZHKG 涉案标的巨大，且 ZHKG 原系上市公司，需要向有关部门进一步了解情况等为由，对破产审查久拖未裁。面对这种情况，本团队律师深知时间拖得越久，情况可能变得越复杂且越不可控（毕竟 ZHKG 债务高达 100 亿元，债权人众多），尽快将执行款项落袋为安才是当务之急。

因此，本团队律师迅速调整策略，主动与另一申请执行人的代理人进行沟通，通过了解对方的案件情况和诉求，寻找到了双方共同的利益点。经过多轮艰苦的谈判和协商，最终本团队律师与对方达成了协议：该申请执行人同意撤回破产申请，而我方当事人则自愿补偿其 100 万元作为对价。

这一协议的达成，不仅为本案的处理争取到了宝贵的时间，也再次为后续的执行工作扫清了障碍。笔者深知，在法律执行的道路上，每一步都充满了未知与挑战，但只要坚定信念、积极应对，就一定能够克服一切困难，为客户争取到最大的权益。

（四）刑民交叉，依法论述，积极协调沟通，终取得执行款

案件的发展一波三折，在我方当事人满怀期待地再次申请执行法院发放执行款时，却突然接到通知：某基层法院因办理刑事执行案件的需要，已向执行法院发送了《协助执行通知书》，冻结了该笔来之不易的执行款。这一消息无疑给我方当事人浇了一盆冷水，也让整个执行过程再次陷入僵局。不久之后，该基层法院再次发来《协助执行通知书》，明确说明在办理某刑事执行案件中，获悉执行法院已执行到 ZHKG 的执行款 2200 余万元，该刑事案件的刑事审判庭经过审理，认定这笔款项应纳入该案刑事追赃范畴，因此请求执行法院协助冻结案外人 ZHKG 在该院的执行款。

面对这一突如其来的变故，本团队律师沉着应对，对案情进行了深入的分析，认为在没有法院生效判决书或裁定书明确认定该笔执行款属于该刑事案件追赃范畴的情况下，该基层法院要求冻结该笔执行款缺乏法律依据。从程序上来说，既然生效的刑事判决书并未认定该笔执行款为追赃范畴，且该刑事案件审理法院也未出具相应的补正裁定书，那么该协助执行通知书要求冻结执行款自然是没有法律依据的。从实体上来说，该笔执行款同样不属于刑事案件追赃范围。首先，ZHKG 与另案申请执行人之间的借款合同已经经过生效的民事判决书认定合法有效；其次，ZHKG 对另案申请执行人享有的债权也已经经过生效法律文书确认为（破产）普通债权；再次，没有任何证据表明另案申请执行人出借的几亿元与申请执行人破产分配款 2200 万元之间存在任何刑事关联性或法律上的因果关系，因此

无法认定该笔款项属于追赃范畴；最后，这 2200 万元分配款也并不属于另案申请执行人的“资产”，自然不属于其应退赔的范畴。更何况，执行法院针对 ZHKG 对 ZHZY 的债权分配款的冻结和执行行为是在先的，另案申请执行人对该笔执行款并不享有任何优先权利。而且，另案申请执行人已经从我方当事人处获得了 100 万元的补偿款。

在作出上述分析后，本团队律师积极与执行法院及该基层法院进行沟通，解释法律依据和事实情况，力争解冻该笔执行款；同时再次与另案申请执行人进行协商谈判，寻求双方都能接受的解决方案。在谈判过程中，本团队律师了解到该刑事案件确实有其特殊性，涉及受害人众多，一直由负责刑事案件的处置办在协调处理。考虑到这一社会效果，我方当事人经过深思熟虑，决定再次作出让步，自愿补偿 100 万元。

经过艰苦的努力和不懈的坚持，历时三年之久，历经各种困难和挑战，本团队律师终于帮助当事人成功取得了执行款 2000 余万元。这一成果的取得，体现了本团队律师的专业素养和高效执行力，更为当事人挽回了巨大的经济损失。

三、办案启示

这起执行案件无疑是代理律师执业十余年来所遭遇的最错综复杂、最具挑战性的一宗案件。它不仅涵盖了执行程序中对债务人享有到期债权的执行问题、执行异议等烦琐的程序性议题，还深度触及了破产业务领域与刑民交叉业务领域的专业知识。一次次遇到难题，但每次都能峰回路转，化险为夷，这背后离不开扎实的法律专业功底和良好的沟通协调能力。

这起案件还涉及与四个不同法院以及两个相关机构的协调沟通工作，

需要承办律师在多个法律体系中穿梭，既要维护当事人的合法权益，又要兼顾社会公共效益。律师必须以极高的专业和责任心，才能确保案件的每一个环节都能得到妥善处理。

此外，与另案申请执行人的谈判博弈也是案件处理过程中的一大难点。如何在维护委托人利益的同时，实现与对方当事人的有效沟通，达成互利共赢的解决方案，是律师专业工作的题中之义，也是金道所为客户寻求法律问题最佳解决之道的生动践行。

树立“如我在诉”执业理念 充分发挥律师能动作用

——一起股权转让纠纷案代理纪实

赵青航[1]　徐晓阳[2]

1 赵青航，浙江理工大学特聘副教授、硕士生导师，金道律师事务所品牌与文化建设委员会主任，法学博士。

2 徐晓阳，金道律师事务所律师，法律硕士。

笔者秉持协同主义[①]的基本立场，希冀切实提高律师在民事诉讼中所发挥的代理作用。为此，本文通过一个实例专门介绍律师在民事诉讼各环节、各阶段的代理方法。[②]

一、案例引入

2001 年，F 公司作出股东会决议（以下简称 2001 年决议），载明“被企业解除劳动关系后的职工，作自动退股处理”（以下简称“人走股留”条款），王某作为当时的股东之一，签字认可了该决议。2002 年，F 公司又通过股东会决议（以下简称 2002 年决议），对股东之间转让股权的主体及价格作出约定（实质是股东“人走股留”条款后的股权处置方式），王某也签字认可了该决议。

2003 年，王某因严重违反 F 公司管理制度被辞退。根据 2001 年决议，王某自动退股的条件已经成就，其丧失了公司股权。后 F 公司根据 2002 年决议，于 2003 年作出股东会决议（以下简称 2003 年决议），由多数股东确定了王某的股权转让价格，并由股东沈某受让王某的股权。由于王某拒绝配合 F 公司办理股权变更登记手续，为保障 F 公司的正常运营及沈某的合法权益，F 公司于 2004 年请人代王某签署了《股权转让协议》和股东会决议（以下简称 2004 年决议），并完成了股权变更登记。

2023 年，王某以《股权转让协议》及 2004 年决议上的名字非他所签

① 参见赵青航：《数字时代下协同主义诉讼模式的建构》，载《北方法学》2024 年第 1 期。
② 参见赵青航：《民事诉讼代理：方法与应用》，法律出版社 2024 年版。

为由，将F公司和沈某诉至法院，要求确认《股权转让协议》和2004年决议不成立，并要求F公司和沈某返还案涉股权。F公司和沈某委托笔者代理此案。为反驳王某的诉请，我方将2001年决议、2002年决议和2003年决议作为证据向法院提交，用以证明王某在2003年离职后便已丧失案涉股权。但王某拒不承认2001年决议和2002年决议上的名字是他所签，并申请司法鉴定。经鉴定，两份决议上的名字是王某所签。

二、法律风险告知

《律师执业管理办法》第33条第1款规定：“律师承办业务，应当告知委托人该委托事项办理可能出现的法律风险，不得用明示或者暗示方式对办理结果向委托人作出不当承诺。”律师客观、全面、明确、持续地向当事人告知法律风险，是律师勤勉尽责的重要体现，有利于修正当事人对诉讼结果的不当预期，保障律师执业安全；有利于为当事人甄选最恰当的解纷方式，共筑律师与当事人之间的信任关系；有利于为当事人识别法律风险，保障当事人的交易安全。法律风险告知的类型主要包括法律要件欠缺型风险、法律适用争议型风险、程序适用存疑型风险、解纷方式多元型风险。律师向当事人告知法律风险已成为律师代理民事诉讼案件过程中不可或缺的重要环节，甚至是第一个重要环节。

笔者在接受委托前就发现本案存在法律要件欠缺的诉讼风险。所谓法律要件欠缺，是指部分法律要件所对应的案件事实有所欠缺，即小前提（案件事实）存在瑕疵，无法归入大前提（法律规范），导致难以作出涵摄推理。在这种情况下，案件存在客观的败诉风险，律师应如实告知当事人该风险。

本案中，我方将2001年决议和2002年决议作为证据提交，是为了说明王某和其他股东之间具有附条件转让案涉股权的意思表示。根据“人走股留”条款的约定，王某在2003年离职后就已经丧失案涉股权。但因王某否认两份决议上的签名系由其本人所书写，导致案件不得不进入司法鉴定程序。又因两份决议上的签名是二十多年前所签，现王某的书写习惯和风格已发生较大变化，加上可供比对的样本数量极为有限，致使鉴定机构恐无法得出两份决议上的名字系王某所签的结论。由此，本案存在因无法证明王某具有转让案涉股权的意思表示以致败诉的风险。

笔者在接受委托时就告知F公司和沈某上述风险，并提出应对方案，即请当时参加两次股东会的其他原股东出具《情况说明》并出庭作证，证明王某确实参加了两次股东会，并在相关决议上签名。但须知，证人证言是一种言词证据，较易失真，其证明力常被质疑。① 故笔者仍建议F公司和沈某必须努力寻找合适的比对样本，供鉴定机构作为鉴定的比对样本。

三、诉讼策略

“在多数案件中律师对案件的分析判断会实质性影响当事人的诉讼行为。特别是在我国当前的司法实践中，当事人的诉讼能力普遍相对较低，当律师介入和代理案件后，律师的作用即不仅限于外化当事人的相关意愿

---

① 根据证据的表现形式不同，在理论上可以把证据分为言词证据与实物证据。言词证据较易失真且不易固定。因为言词证据的内容是受人的主观意志和思想支配的，除了利害关系和个人品质的因素之外，每个人对案件事实在生理上的感知能力、记忆能力和表达能力等方面的差异，也会造成言词证据失真、贬损其证明力的结果。同时，言词证据所反映的情况往往不易固定，同一个人对同一案件事实的陈述在不同的时间和不同的场合可能会出现不尽相同之处。参见《民事诉讼法学》编写组编：《民事诉讼法学》（第3版），高等教育出版社2022年版，第136－137页。

和增强当事人的诉讼能力，而往往会出现律师主导当事人一方诉讼行为的现象。”① 在民事诉讼代理过程中，律师的首要作用就是针对个案制定切实可行的诉讼策略。

诉讼策略是指律师代理诉讼的思路、方法和步骤。诉讼策略的妥当与否和诉讼案件的代理效果息息相关。律师制定诉讼策略需要在综合把握案件事实和法律关系的基础上，结合律师自身的法律知识、执业技能和代理经验，为当事人拟定实现其诉讼目的的多条路径和方法。专业、尽职的律师帮助当事人尽早制定完善的诉讼策略，既可以为案件的后续代理奠定良好的基础，也可以适时促进当事人之间的和解和调解，争取共赢的结果。

笔者在代理本案伊始就结合现有的证据和相关法律风险，为F公司和沈某制定了三套完整、详尽的诉讼策略。第一套是最优的诉讼策略：假设司法鉴定意见对我方有利，依据2001年“人走股留”条款主张王某在2003年离职后便自动丧失案涉股权，同时根据2002年决议主张应支付给王某的股权价款是合理的，以此得出案涉股权转让给沈某系合法有效的结论。但司法鉴定意见具有不可控性，这决定了笔者在制订诉讼策略时不能完全寄希望于上述第一套方案，也要做好备用的诉讼方案。

为此，笔者制定的第二套诉讼策略是：假设司法鉴定意见对我方不利，导致法院认定《股权转让协议》和2004年决议不成立，为了达到沈某无须向王某返还案涉股权的法律效果，须结合双方当事人在庭前会议中的陈述（F公司和沈某在委托笔者代理前，法院已经召开过一次庭前会议），从诉讼时效的角度去对抗王某要求沈某返还股权的诉讼请求。王某在庭前会议中多次自认沈某在二十年前就告知其已丧失股权，而且王某还陈述他在三四年前就从工商部门了解到案涉股权早已被登记至沈某的名

---

① 江必新：《加强法官律师良性互动　探索构建协同诉讼模式》，载《中国律师》2018年第3期。

下，但在此次起诉前他从未向沈某主张返还案涉股权。故我方可以提出王某请求返还股权的请求已过诉讼时效的抗辩。

需要指出，针对返还股权请求权是否适用诉讼时效制度这一问题，目前存在较大的争议。《最高人民法院对江苏省高级人民法院关于中国电子进出口公司江苏公司与江苏省信息产业厅等股权纠纷一案请示的答复》［（2001）民二他字第19号］载明："股权关系不仅涉及纠纷当事人，而且还对公司以及其他股东甚至公司债权人等诸多主体产生影响，因股权归属产生的纠纷应及早解决。因此，在法律没有特别规定的情况下，当股权受到他人侵害时，请求法律保护的诉讼时效应适用《民法通则》第一百三十五条的规定。"虽有最高人民法院的上述答复，但该问题在司法实践中仍有分歧。有部分案例支持返还股权请求权适用诉讼时效的规定。例如，收录于《最高人民法院公报》2006年第9期的最高人民法院（2005）民一终字第104号民事判决书载明："当事人请求确认合同无效，不应受诉讼时效期间的限制，而合同经确认无效后，当事人关于返还财产及赔偿损失的请求，应当适用法律关于诉讼时效的规定。"北京市第一中级人民法院（2011）一中民终字第3423号民事判决也持相同观点。但有一些案例持相反观点，例如上海市第一中级人民法院（2019）沪01民终9238号民事判决书载明："本案主要争议在于股权返还，股权属于物权，而返还原物请求权关系到物权人的根本利益，在标的物被他人侵占的情况下，如果物权人不享有返还原物请求权，则不能保障物权的合法行使，故本案中返还原物请求权及其他相关权利的行使，属于物权请求权，不适用诉讼时效。"笔者认为，返还股权请求权应当适用诉讼时效的规定。理由如下：第一，《民法通则》未对不适用诉讼时效的情形作出规定，直到2017年颁布的《民法总则》第196条才首次列举了不适用诉讼时效的情形。本案中王某的股权被转让给沈某的相关事实发生在2004年，王某的股权返还请求权应适用《民法通则》第135条关于诉讼时效的一般性规定。第二，从法律确立的不适用诉讼时效的情形考虑，《民法典》第196条仅规定不动产物权和登记的动产物权的权利人请求返还财产不适用诉讼时效，此系不适用诉讼时效的特别规定。《民法典》第114条第1款、第125条分别规定民事主体依法享有物权和股权，说明股权不属于物权（股权既不属于不动产物权，也不属于登记的动产物权），而是一种独立的民事权利类型，因此股权返还请求权应受到诉讼时效制度的调整。第三，诉讼时效制度以维护市场秩序、保障交易安全为目的。有限责任公司作为兼具人合性和财合性的民事主体，其股权具有财产属性（如收益权）和人身属性（如参与重大决策和选择管理者等权利），因此有限责任公司的股权交易需要一种稳定的制度保障，股权返还请求权适用诉讼时效制度符合维护有限责任公司人合性、稳定性的要求，也符合保障社会主义市场经济秩序、效益的要求。

即便法院认可返还股权请求权适用诉讼时效制度，诉讼时效的起算点在司法实践中也具有一定的争议。第一种观点，即收录于《最高人民法院公报》2006年第9期的最高人民法院（2005）民一终字第104号民事判决认为，合同被确认无效后，当事人一方才享有请求另一方返还财产的权利，返还财产请求权的诉讼时效期间从合同被确认无效后开始计算。第二种观点，即最高人民法院（2003）民二终字第38号民事判决认为，即使在合同应当或事后已经被确认无效的情况下，已经履行合同的一方当事人因对方不履行合同而要求返还财产或赔偿损失的，其行使该项请求权的诉讼时效期间应当从合同约定的对方履行合同义务的期限届满后的次日起计算。第三种观点，即北京市第一中级人民法院（2011）一中民终字第3423号民事判决认为，因合同无效而产生的返还或损害赔偿请求权，应适用诉讼时效期间的规定，从当事人知道或应当知道无效事由时起算。此外，2010年发布的《最高人民法院关于无效合同所涉诉讼时效问题的规定（征求意见稿)》，其针对合同无效后返还财产、赔偿损失请求权的诉讼时效期间起算也设计了三种方案，但该规定后未颁布。因此该诉讼策略仍存在风险。

为此，笔者又从股权的特殊性角度出发去寻找突破口，制定了第三套诉讼策略：结合F公司的实际情况和有限责任公司的人合性要求，尝试说服法院不应判决沈某返还股权。返还股权并非简单的工商变更登记，股权背后涉及的股东利益纷繁复杂，既包含财产性利益，也包含非财产性利益，会对公司、股东、案外第三人的权利义务产生重大影响，所以法院在考量是否判决返还股权时必须细致考察公司的实际状况，充分兼顾有限责任公司的人合性要求，审慎研究客观上是否还具有恢复股权的可能性。① 本案中，F公司在2004年后多次对公司股权和股东出资作出调整，现F公司只有两位股东，除沈某（占F公司80%的股权）外，F公司的另一位股东（系沈某的妻子，占F公司20%的股权）也坚决不同意让王某再成为股东。② 因此从实际情况考虑，法院不适合判决沈某将案涉股权返还给王某。

需要认识到，适用后两套诉讼策略均是以《股权转让协议》和2004

---

① 湖北省高级人民法院（2016）鄂民再154号民事判决书载明："作为股权转让合同的标的，股权的性质决定其以财产权为基本内容，但还包含有公司内部事务管理权等非财产权等内容，是否能恢复原状取决于合同履行情况，根据合同的履行部分对整个合同义务的影响，如果当事人的利益不是必须通过恢复原状才能得到保护，不一定采用恢复原状。不应当仅从表面的形式，而应当综合合同性质、合同的履行情况、当事人的主观意图等案件的整体情况，在通过其他的方式进行补救更适宜的情况下，就不应当轻易地判决恢复原状……自案涉股权办理变更登记之日起至韩某实际控制公司的期间，社会成本和社会影响已倾注其中，本案纠纷涉及公司的稳定性和相关交易的稳定性，为避免公司内部新的不平衡、产生新的利益冲突和纠纷，维护社会经济秩序，保护合法的交易安全，维护公司稳定，在涉案60%股权变更登记及交接手续已经履行的情况下，宜维持韩某的股东地位，不宜判决返还股权。"

② 北京市第一中级人民法院（2014）一中民终字第04528号民事判决书载明："恢复原状是合同解除的一种法定后果，是合同履行的一种逆向回归，但需要法律上或客观上能够恢复原状为前提。股权转让合同解除，涉及股权受让人将股权恢复变更至股权出让人名下，虽然此种股权变动并非基于法律行为的股权变动，但同样涉及有限责任公司的人合性问题。在有限责任公司其他股东不同意股权出让人恢复股东身份时，股权出让人无权请求恢复原状，而只能选择其他救济方式。"

年决议不成立为适用前提的，该适用其实会给F公司和沈某留下巨大的法律隐患。若法院最终以返还股权请求权已过诉讼时效，或案涉股权不适宜返还为由驳回王某的诉讼请求，王某后续还可以另案起诉，要求沈某按照案涉股权现有的市场价值（而非2004年时的价值）支付股权对价款或相应补偿款。近年来，F公司的经营效益颇好，股权价值大幅提升，若按照现有股权价值去计算案涉股权对价款，会使沈某遭受巨大损失，与其应诉目的有所违背。据此，后两套诉讼策略只能作为兜底方案，须慎重适用。

还要提示，律师在制定、落实诉讼策略的过程中切忌一成不变。诉讼过程中随时会有风云突变的可能，律师要用发展的眼光看待诉讼策略，在向着既定的大方向坚定前进的同时，也要根据案件走向、证据增减、庭审推进等情况不断灵活地调整诉讼策略中的具体内容。

四、证据收集与运用

民商事纠纷发端于当事人之间的争议，虽然全面地看，这种争议既包括关于事实问题的争议，也包括法律适用的争议，但在民事诉讼实践中，多数甚至大多数民事案件（尤其是一审民事案件）源于事实问题的争议。[①]《民事诉讼法》第2条规定，保证法院查明事实是民事诉讼的一项重要任务。《民事诉讼法》第7条确立法院的审判原则是以事实为根据，以法律为准绳。所谓“以事实为根据”集中体现在法院以证据为根据对案件事实作出认定，只有查证属实的证据才能作为法院认定事实的根据。

随着中国民事诉讼模式逐步转型以及诉讼活动日趋专业化，越来越多

① 参见李浩：《回归民事诉讼法——法院依职权调查取证的再改革》，载《法学家》2011年第3期。

的当事人会选择委托律师作为诉讼代理人参加包括收集证据在内的诉讼活动。律师通过积极取证（包括自行取证、申请取证、持令取证），向法院展示己方主张的事实，无疑属于提供法律服务的范畴。律师的取证效果将直接影响当事人的诉讼效果。律师同时还须掌握证据组织和证据运用（如书证提出命令制度的运用、证人出庭作证规则的运用、司法鉴定规则的运用）的基本方法。

本案被告沈某的举证难点在于证明2001年决议和2002年决议上的名字系王某本人书写，因此司法鉴定及其结论的重要性不言而喻。[①] 在鉴定过程中，鉴定机构反馈现有比对样本的数量不足，需要补充新的样本。显然，王某不会再提供比对样本，若沈某不能提供新的样本，鉴定机构便无法对两份决议上的签名进行鉴定，届时沈某得承担因无法鉴定所产生的不利后果，即2001年决议和2002年决议的内容恐无法约束王某，沈某会面临较大的败诉风险。

经过不断的思考，笔者实施了以下取证工作：

第一，明确取证方向。沈某回忆起2001年至2002年，F公司曾与A公司（系当地的一家大型国企）进行过合作。合作期间，F公司委派沈某、王某等员工到A公司工作，工资由A公司代F公司向沈某、王某等发放，且员工在领取工资时须在工资单上签名。据沈某了解，A公司的档案管理一直非常规范，当年的工资单至今仍完整保存。

第二，向法院申请调查令。沈某多次与A公司沟通，希望调取含有王某签名的工资单，但A公司的档案管理制度严格，出于信息保密的考虑无法直接向沈某提供相应的工资单。笔者遂向法院申请调查令，法院经审查后开具调查令，A公司以邮寄方式向法院提供相应的工资单。

---

① 关于司法鉴定过程的详细介绍，可参见赵青航：《民事诉讼代理：方法与应用》，法律出版社2024年版，第89–93页。

第三，对工资单的质证。法院收到A公司邮寄的工资单后，组织双方进行质证。笔者发现工资单上有与2001年决议和2002年决议上相类似的王某的签名样式，故对工资单的“三性”予以认可。王某虽不认可工资单上签名的真实性，但因工资单是从第三方处合法调取，王某无法举证证明该签名的真实性存在问题。经法院综合认定，A公司保存的工资单上王某的签名可以作为此次鉴定的比对样本。

最终，司法鉴定意见认为2001年决议和2002年决议中“股东签名”处留有的“王某”签名字迹与比对样本上留有的“王某”签名字迹是同一人所写。由此可以认定，2001年决议和2002年决议中王某的名字是其本人所写。

五、法律检索

对于律师而言，庭前的准备工作将直接影响庭审乃至案件的代理效果，而法律检索是律师庭前准备工作中的关键一环。律师若没有娴熟的法律检索技术，不仅无法获取齐备、准确的资料，而且无法准确地预测案件走向，更难以应对纷繁复杂的诉讼实践。同时，律师只靠自己去解释法律、讲明道理是远远不够的，必须寻求权威依据的支持，而法律检索正是寻找此类依据的重要渠道。

法律检索能力是在理论与实践的互动中获得的，律师通过法律检索能获取有效信息，有效信息又能提升法律检索的广度和深度，不断往复，使法律知识的实践价值得以充分实现。在大数据时代，网络资源数以万计，却良莠不齐，如何在浩如烟海的信息中甄别和筛选出最有价值的信息并运用到个案代理之中，这是法律检索的核心命题。为避免低效盲目的检索，法律检索应当实现体系化，并形成行之有效的科学方法论，助力律师游刃有余地应对各类案件。法律检索的类型主要包括类案检索、法律规定检索、权威观点检索以及事实检索。代理本案最重要的法律检索类型是类案检索。律师通过检索类案，可以发现并借鉴法院的裁判逻辑和裁判理由，以期获得代理的灵感，甚至直接形成代理思路。在一定程度上，援引类案已经成为律师从事代理活动、有效说服法院的基本方法。①

结合鉴定意见，笔者最终选择采取的诉讼策略是根据“人走股留”条款来论证王某在 2003 年离职时就已经丧失案涉股权。但《公司法》及其司法解释均未对股东“人走股留”条款的效力作出过明确规定。在此情况下，根据《最高人民法院关于统一法律适用加强类案检索的指导意见（试行)》（以下简称《类案检索指导意见》），律师可以通过类案检索为法官统一法律适用提供类案支持。《类案检索指导意见》第 4 条规定，类案检索的范围及顺位为：第一，最高人民法院发布的指导性案例；第二，最高人民法院发布的典型案例及裁判生效的案件；第三，本省（自治区、直辖市）高级人民法院发布的参考性案例及裁判生效的案件；第四，上一级人民法院及本院裁判生效的案件。只要在前一顺位中检索到类案的，可以不再进行检索。笔者按照上述顺位进行检索，检索到最高人民法院发布的第 96 号指导性案例专门对“人走股留”条款的效力作出认定，即“人走股留”的规定“符合有限责任公司封闭性和人合性的特点，亦系公司自治原则的体现，不违反公司法的禁止性规定”。②

根据《类案检索指导意见》第 9 条的规定，检索到的类案为指导性案

---

① 参见陈瑞华：《刑事辩护的艺术》，北京大学出版社 2018 年版，第 201 页。

② 详见《最高人民法院关于发布第 18 批指导性案例的通知》（法〔2018〕164 号）中的“指导案例 96 号　宋某军诉西安市大华餐饮有限公司股东资格确认纠纷案”。此外，还可以参见江苏省南京市中级人民法院（2020）苏 01 民终 1830 号民事判决书、新疆维吾尔自治区高级人民法院（2018）新民申 731 号民事裁定书。

例的，法院应当参照作出裁判。[①] 该指导性案例为论证案涉“人走股留”条款的效力提供了强有力的法律论证支持。此外，笔者还提供了其他高层级法院的类案裁判，用以论证王某丧失股权的时间就是其离职之时，而非办理工商变更登记之时。[②]

六、诉讼可视化

当面对浩如烟海的法律规定和车载斗量的证据材料，律师如何将案件信息高效地传递给受众？律师对这一问题的思考应贯穿于诉讼代理的始终。诉讼的本质是信息的处理与传递，其体现在律师既要向法官反映案情观点，又要向当事人反馈办案成果。尤其对于法官而言，代理律师实际上可以发挥其办案助手的作用，若律师传递的包括法律规定、案件事实、参考案例、证据材料、代理观点等在内的案件信息使法官感到复杂难解、晦涩难懂，便不利于法官在短时间内获取关键信息并厘清各方观点，此时律师的代理效果恐会大打折扣。基于此，为提高信息处理、传递的有效性，

---

① 实践中存在有法院在审案时未参照指导性案例被上级法院裁定指令再审的情况。例如，辽宁省高级人民法院（2021）辽民申 5273 号民事裁定书载明：“根据《最高人民法院关于统一法律适用加强类案检索的指导意见（试行）》第九条‘检索到的类案为指导性案例的，人民法院应当参照作出裁判，但与新的法律、行政法规、司法解释相冲突或者为新的指导性案例所取代的除外。检索到其他类案的，人民法院可以作为作出裁判的参考。’第十条‘公诉机关、案件当事人及其辩护人、诉讼代理人等提交指导性案例作为控（诉）辩理由的，人民法院应当在裁判文书说理中回应是否参照并说明理由；提交其他类案作为控（诉）辩理由的，人民法院可以通过释明等方式予以回应。’之规定，对于再审申请人提出本案与最高人民法院颁布的第 24 号指导案例案件基本事实、争议焦点及法律适用具有高度相似性，应同案同判的理由，原一、二审法院未予论述说理，应参照该指导意见重新予以审理。”

② 新疆维吾尔自治区高级人民法院（2018）新民申 731 号民事裁定书载明：“许某丧失相应的股东身份后，虽未在公司登记机关办理变更登记，但这并不影响其已丧失股东身份的事实，只是产生能否对抗善意第三人的问题。”

诉讼可视化应成为律师必须掌握的执业方法。诉讼可视化的类型主要包括法律规定可视化、案件事实可视化、参考案例可视化、证据材料可视化和代理观点可视化。

围绕本案的事实及法律适用，笔者在法庭辩论阶段发表辩论意见时采用了代理观点可视化的方式，将提前准备好的两张可视化图（见图 13－1、图 13－2）当庭呈给法官，法官得以一边听取笔者的辩论意见，一边通过看图迅速掌握核心的代理观点。

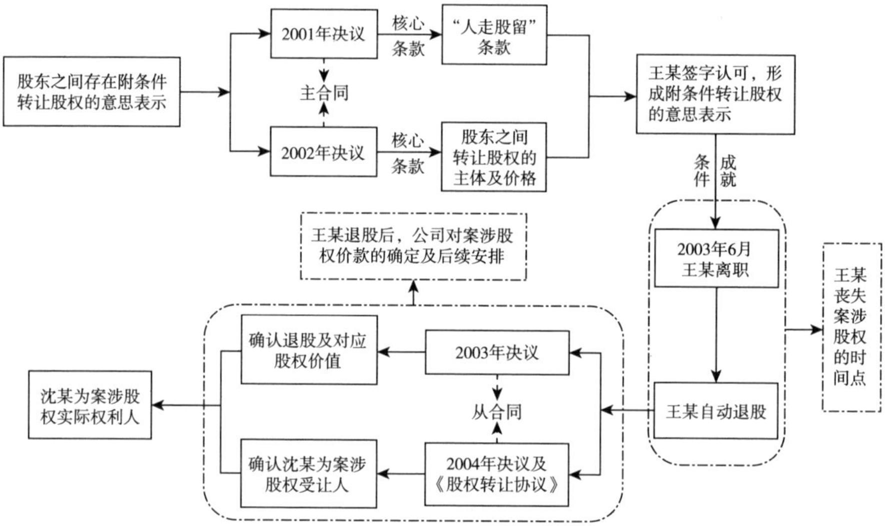

图 13－1　证明沈某为案涉股权实际权利人的代理思路

图 13－1 通过可视化的方式将沈某提供的主要关键证据串联起来，引导法官结合案件整体事实去判断案涉股权的实际归属，而非仅简单地依据《股权转让协议》及 2004 年决议上的名字是否系王某本人所写来判定股权的归属。仔细分析可以看出，本案存在一个“合同组”，其中 2001 年决议和 2002 年决议是主合同，内含包括王某在内的原股东对附条件转让股权所作的约定，之后的 2003 年决议、《股权转让协议》和 2004 年决议属于从合同或附属协议，系对王某退股后的相关事宜所作的具体安排。据此，即

便《股权转让协议》及2004年决议上的名字非王某所签，也不影响其已经退股的事实。后因王某不配合办理工商变更登记手续，F公司为了正常经营并保护实际权利人沈某的合法利益，方才请人代王某签名，且未损害王某的实际权利。故法院不应否认案涉股权转让行为的真实性与合法性。

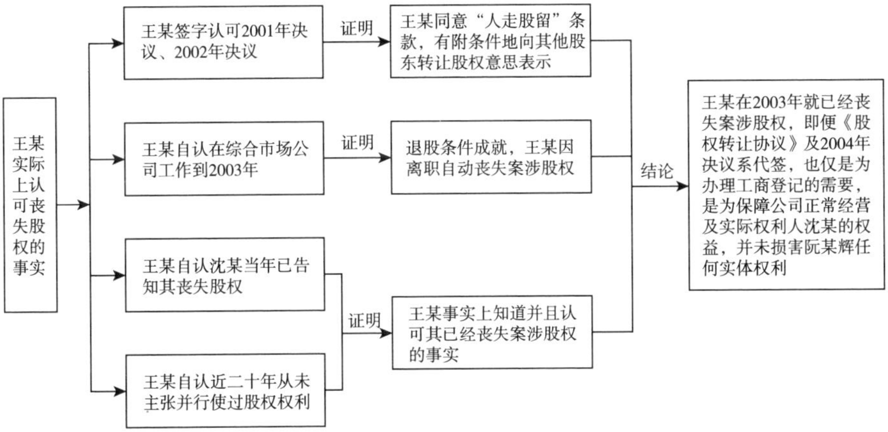

图13－2　证明王某已于2003年明知并认可其丧失案涉股权的代理思路

图13－2是对王某相关行为及其在庭审时的关键陈述所作的可视化归纳，使法官能够更直观地认识到王某在2003年离职后对其已丧失案涉股权的事实是明知的。第一，司法鉴定意见表明2001年决议和2002年决议上的名字系王某所写，能够证明王某同意股东之间关于“人走股留”条款的约定，也能证明王某存在附条件向其他股东转让股权的意思表示。第二，王某自认从2003年开始就不在F公司工作，表明其认可自2003年就已经从F公司离职，进而证明王某退股的条件已经成就，其于2003年便已自动丧失案涉股权。第三，王某在庭审中既自认了沈某当年已告知他丧失案涉股权的事实，又自认近二十年来从未主张并行使过股东权利，证明王某知悉并认可其已经丧失案涉股权的事实。由此可以得出结论，王某在2003年就已经丧失案涉股权，代签名亦属无奈之举，而且未实际损害王某的权

利，法院应当认定《股权转让协议》和2004年决议成立并生效。

笔者将代理观点可视化，使法官的自由心证能够更倾向于认定我方的举证证明使待证事实（王某已于2003年丧失案涉股权，沈某已经合法取得案涉股权）已达到民事诉讼“高度可能性”[①] 的证明标准。

七、商谈型庭审

2014年，《中共中央关于全面推进依法治国若干重大问题的决定》作出了“推进以审判为中心的诉讼制度改革”的重要部署。有学者论证得出“审判中心论”除了适用于刑事诉讼领域，也应适用到民事诉讼领域的观点，并被广泛接受。[②] 以审判为中心的诉讼制度改革要求突出庭审在纠纷解决中的核心作用。其实，在民事诉讼中推行“庭审中心”的审判方式改革已有多年。中国民事诉讼庭审方式改革已从“庭审规范化”阶段迈入“庭审实质化”阶段，现若要步入“庭审优质化”的更高阶段，就需要进一步解决“庭审走过场”的痼疾，努力保证法官通过庭审活动实现对案件事实掌握程度和法律适用认知水平的飞跃。毋庸置疑，这便对充分发挥律师在庭审中的有效作用提出了更高的要求。

哈贝马斯的法律商谈理论表明，只有在一个充分自由且开放的商谈情境之下所作的商谈沟通，最终达成的共识才会是理性的、公正的。[③] 以协

---

① 《最高人民法院关于适用〈中华人民共和国民事诉讼法〉的解释》第108条第1款规定：“对负有举证证明责任的当事人提供的证据，人民法院经审查并结合相关事实，确信待证事实的存在具有高度可能性的，应当认定该事实存在。”

② 参见曹士兵、杨小利：《以“审判中心论”鼎革与续造中国民事审判》，载《中国应用法学》2019年第1期。

③ 参见马靖云：《司法商谈机制的构建及其功效》，载《华东政法大学学报》2018年第4期。

同主义理论下的民事司法商谈理论为基础，笔者提出了构建商谈型庭审模式的设想。商谈型庭审模式需要确立层层相扣、逻辑严谨的环节，用以明确商谈主题，促使法官与律师不懈地围绕商谈主题开展对话，以期对案件中的事实问题和法律问题作出商谈式澄清。笔者以民事诉讼第一审普通程序的制度规则为基础，设计了商谈型庭审的八个商谈环节，流程如下：（1）原告方明确诉讼请求；（2）原告方明确诉讼请求所依据的法律规范；（3）被告方明确答辩意见，并阐明抗辩所依据的法律规范；（4）三方分析法律规范的构成要件，核验当事人的诉辩主张；（5）双方证明事实；（6）在法官的主持下明确争议焦点；（7）双方围绕事实和法律适用进行辩论；（8）双方作最后陈述。

本案审理最显著的特点就在于采用了以庭审为中心的审判方式，充分发挥庭前会议的实质作用，实现了集中审理主义。在庭前会议中，法官组织双方交换证据、固定无争议事实，并对王某的不当诉求作出释明，王某得以在正式开庭前及时变更诉讼请求，避免程序拖延。正式开庭后，双方未再针对无争议事实作出无谓的辩论，使庭审能够围绕争议焦点有效展开，极大地提高了庭审效率。

在开庭时，笔者尤为重视庭审商谈的作用（特别是在法庭调查阶段向王某发问的作用[①]）。因为本案存在司法鉴定程序，所以开庭审理与庭前会议间隔将近一年时间才召开。笔者一直对王某在庭前会议中陈述的诚信度持高度怀疑态度。所以笔者于庭前详细梳理了王某在庭前会议中的陈述，

① 《律师办理民事诉讼案件规范》第 84 条：经审判长许可，律师可以向证人、鉴定人及其他当事人发问。律师应就与本案有关的问题发问，发问受到审判长制止时，律师应尊重法庭的决定，改变问题或者发问方式，或表明发问的主要性和关联性。

并以此为基础罗列了需要当庭向王某发问的问题。① 果然，王某在当庭回答笔者的问题时出现了大量反言的情况。这也直接促使法官顺着笔者的发问思路对王某进行更为细致的询问，结果王某一问三不知，使法官不得不对王某的诉讼诚信产生严重质疑。可见，充分把握庭审商谈的作用，与法官及对方当事人进行有序、有效的沟通，对于案件的代理和审理都能起到至关重要的作用。

八、一审、二审和再审

以上从律师代理的视角依次介绍了法律风险的告知、诉讼策略的制定、证据的收集与运用、法律检索、诉讼可视化、庭审商谈等几个重要的话题。上述每个话题所涉内容都是民事诉讼代理中的重要方法论。律师应将这些方法论的运用有效贯穿于一审、二审、再审等民事诉讼的全部审理程序之中。其中，民事诉讼一审具有程序完整性的特质，在程序适用上具有广泛性，因此一审程序在民事诉讼中占据基础性地位。在民事诉讼一审程序中，律师须重点关注起诉状、答辩状、第三人陈述、证据、事实认定、法律适用。本案就比较全面地反映了一审代理的要义。

民事诉讼一审程序和二审程序之间存在紧密的联系，一审程序是二审

---

① 笔者向王某的发问主要包括：（1）你是从什么时候开始不在 F 公司工作的？为什么不工作了？（2）你为什么要在庭前会议上要否认 2001 年决议和 2002 年决议上的签名是你本人签的？（3）沈某当年有没有告知你在 F 公司的股权已经没有了？你为什么没有及时询问沈某和其他股东你的股权为什么没有了？因为当时你和沈某的矛盾已经恶化，如果沈某告知你的股权丧失，按照基本商业逻辑和日常生活经验，你肯定会马上去了解相关情况，不可能不知道自己的股权没有了。（4）当年你为什么不来领取案涉股权对应的价款？（5）你是什么时候发现案涉股权已经在沈某名下的？你如果不认可，为什么不马上联系沈某和 F 公司去主张自己的权利，而要拖到二十年后才起诉？（6）案涉股权转让之事已经过去二十多年，在这期间，你是否行使过股东权利？既然你一直认为自己是股东，为什么二十多年来从未主张过股东权利，特别是分红权？

程序的前提和基础，二审程序是一审程序的继续和监督。代理民事诉讼一审案件和二审案件均是律师的基础性业务，且代理原理基本相似。但以下四个代理方法是二审律师须着重掌握的，分别是打破一审代理的思维惯性、重构有效的二审诉讼策略、清晰列明上诉请求和理由、适应二审庭审/询问方式。

民事诉讼再审程序是纠正法院错误生效裁判的一种补救程序，其不是法院审理民事诉讼案件的必经程序，而是当事人合法权益的特殊救济程序。民事诉讼再审程序以一审程序和二审程序为基础，具有监督的功能，而且律师在该程序中代理方法的专业性更加鲜明。有实务界资深人士认为，鉴于再审程序是对一审、二审程序的审查，专业复杂性远超一审、二审，建议尽快在再审程序中实行强制代理制度，引导当事人合理行使诉权、合理利用司法资源，充分发挥律师在再审程序中的积极作用，共同促进公平正义的实现。[①] 当前，民事诉讼再审业务已呈普遍化趋势，同时律师执业专业化亦是行业发展趋势，不少律师事务所和律师已将重大、疑难的民事诉讼再审案件作为一个诉讼专业化方向。

---

① 参见李占国：《当前司法实践中影响公平正义实现的若干问题》，载《中国应用法学》2022 年第 5 期。

一念之差险酿十年重罪 一朝转变终化危机轻判

——记一起险象环生的罪轻辩护案件

王　楠[1]　茅　莹[2]

[1] 王楠，金道律师事务所高级合伙人，法学硕士。

[2] 茅莹，金道律师事务所律师，法学硕士。

题记：在刑事辩护中，如能用无罪辩护达到撤案、不起诉甚至法院直接宣告无罪的办案效果，固然是律师和当事人都最想追求的理想目标；但现实中的大多数情况，是当事人的行为确实涉嫌犯罪，此时辩护人能做的是通过罪轻辩护，为当事人争取最有利的量刑。罪轻辩护看似不如无罪辩护来得令人振奋，但也与当事人的命运息息相关，特别是当案件存在轻罪与重罪争议时，律师采用何种辩护策略，往往直接影响当事人的最终刑期，甚至足以改变当事人的命运。

2022 年 8 月中旬的一天，李某某怀着忐忑的心情，在家属的陪同之下来到浙江金道律师事务所向王楠律师咨询。众人入座之后，李某某惴惴不安地和王楠律师说："我可能马上就要进去了。"由此，一起一波三折、险象环生的案件拉开了序幕。直到现在，笔者回想起办理这起案件时的各种波澜曲折，仍不禁为当事人捏一把汗。

回顾这一案件的办理历程：当事人李某某作为一名村干部，一开始以为自己只是违规经商，从未想过违法甚至犯罪，结果被以诈骗罪，伪造公司、人民团体印章罪等重罪立案，如果罪名成立，将要面临十年以上的刑期；祸不单行，公安机关侦查尚未结束，监察委突然介入，对其涉嫌职务犯罪问题立案调查；在监察委、公安机关将案件移送检察院审查起诉后，孰料再起事端，资规局又向公安机关移送了新的犯罪线索；公安机关在侦查后，向检察院补充移送了非法占用农用地罪的证据材料。在律师几轮沟通与辩护之下，检察机关最终放弃了起诉诈骗罪和非法占用农用地罪，转而以李某某涉嫌伪造公司、人民团体印章罪，以及伪造国家机关印章罪、非国家工作人员受贿罪等轻罪起诉至法院。在开庭当天，李某某自愿签署了认罪认罚具结书。最终三罪并罚，合并执行有期徒刑四年，避免了十年以上的牢狱之灾。

合伙人接连被刑拘 村干部却心存侥幸

李某某曾在某村镇先后担任村主任、书记、村委会主任等职务，在任职期间，他和同村其他几个村民一起合伙做工程。就在不久之前，李某某的两个合伙人马某甲、吴某乙突然在同一天被刑事拘留。第二天下午，李某某也接到了公安机关的电话，要求他到派出所配合调查，笔录一直做到第二天凌晨。做完笔录，李某某还以为没事了，没想到一周后，在他们手底下干活的两个村民陈某丙、王某丁也被刑事拘留了。李某某一下就慌了，在辗转难眠几个日夜之后，他实在拿不定主意，故而托朋友找到了王楠律师，想寻求专业律师的帮助。

听了李某某的话，王楠律师向当事人详细了解了涉案事实以及他被公安机关询问的主要内容。李某某称，办案人员主要询问其有没有和马某甲、吴某乙合伙做生意，以及马某甲、李某某二人有无申报过农业补贴。对此，李某某均称没有参与。特别是关于合伙做生意，他确实和马某甲、吴某乙一起做过几个项目，但区纪委早在几年前就找他谈过话，强调村干部不能从事营利性活动，并对他通报批评处分，之后他就退出合伙生意了。除此之外，李某某还称，在马某甲、吴某乙被刑拘之后，有村民透露马某甲可能还伪造了某公司的公章。

听完李某某的讲述，王楠律师又和李某某再三确认他有无参与伪造公司印章，以及在承包工程时有无实施常见的串通投标、跑关系送礼等行为，李某某均表示否认。听了情况介绍之后，王楠律师宽慰李某某道：

“就你目前描述的情况来看，你涉嫌犯罪的可能性不大，最多是之前的事情可能会认定你作为村干部违规经商。先不要着急。”听了王楠律师的话，李某某及其家属长舒一口气，似乎心中想要的结果得到了证实，连声向王楠律师道谢。

违规经商惊变诈骗　几番讯问均不认罪

原本以为这件事就这么过去了，谁料半个月后的一个晚上，王楠律师突然接到李某某家属的电话，称李某某可能已被刑拘。王楠律师忙问刑拘的罪名是什么，但家属却什么都不知道。王楠律师只好约家属赶紧到律所里签订委托手续，以便能在第一时间会见到李某某。但当时仍处于疫情管控期，看守所要求律师必须持有 48 小时内核酸阴性检测证明，未去过中高风险区，近 6 次的核酸检测在 7 天之内且是连续的，这给律师会见带来了很多麻烦。除此之外，由于不知道具体的刑拘罪名，且联系不上承办民警，律师只能将会见材料的罪名一栏空着，先行赶到看守所，以抢占会见的黄金时间。

在李某某被刑拘后的第 5 天，王楠和茅莹律师作为辩护人，再次见到他。奇怪的是，自从李某某被刑拘之后，就从来没有被提审过。这有点反常，一般来说，嫌疑人被拘留后的头几天心理防线是最弱最容易被攻破的，大部分案件的办案人员都会抓住这个窗口期不断提审，以求在最短时间拿下犯罪嫌疑人的认罪供述，但这个案件为什么把李某某刑拘后就不提审了呢？待李某某讲完他被刑拘的整个过程，我们心中的疑团也解开了。原来，李某某是以涉嫌诈骗罪被刑拘的，但李某某对指控的诈骗事实完全一头雾水，对办案人员的提问一问三不知，“拒不配合”。由此，辩护人推断，办案人员之所以晾着李某某，主要是因为他“嘴硬”，认罪态度“恶劣”。

基于李某某坚称自己绝对没有参与诈骗且对诈骗事实完全不清楚，在刑拘到期报捕时，辩护人向检察机关递交了要求不予批捕逮捕的律师意见书。但检察机关经审查后，最终还是以涉嫌伪造公司、人民团体印章罪对李某某批准逮捕。对此，辩护人深感不妙，因为该罪名的最高刑期仅三年有期徒刑，一般案件根本没有逮捕的必要性，莫非诈骗罪还有什么变数？

监委介入又起争端　案件定性再现转折

由于在国庆节前夕逮捕，在过了一个 7 天小长假之后，律师再次会见李某某。想不到李某某又带来了一个重磅消息——监察委找到他，称已对他涉嫌职务犯罪问题立案调查，并重点讯问了他和马某甲、吴某乙合伙做工程的情况，以及三人之间资金往来情况等。对此，李某某一如既往坚称自己没有利益输送等职务犯罪问题，且拒不认罪。

听到这个消息，辩护人陷入了沉思。根据经验，监察委立案调查的案件，基本上都掌握了相对充分的证据，否则不会无的放矢。难道李某某对辩护人还有所隐瞒？为此，王楠律师严肃而苦口婆心地劝诫李某某，既然聘请了我们作为辩护人，就一定要给予百分之百的信任，否则他所隐瞒的事实可能会影响辩护人的专业判断，最终可能会因为毫厘之差，酿成无法挽回的恶果。

一段时间沉默之后，李某某最终承认，他明面上称自己已经退出了合伙生意，但私下里和马某甲、吴某乙还在继续做工程，他们之间的资金往来都和后面几个工程有关。至于伪造公司印章的事情，李某某回想后称，之前做工程时，他为了方便整理资料，曾通过电线杆上的小广告联系别人刻过几个假章。按照监察委掌握的事实，李某某一共收取了马某甲、吴某乙钱款 145 万元，其中 115 万元用于购买某地房产。

至此，律师心中的谜团才有了答案。为什么公安机关和监察委会相继介入本案——李某某的几个同案犯可能供述了他们之间存在合伙关系以及他们给李某某打过钱。一开始公安机关认为李某某一同参与了马某甲、吴某乙伪造公章骗领农补的事实，以诈骗罪将他刑拘；而监察委则认为李某某和马某甲、吴某乙名为合伙做生意，实为马某甲、吴某乙二人利用李某某村干部的职务便利为其做工程提供帮助，因此认为李某某收受了贿赂，涉嫌职务犯罪。说到底，是两拨人马对同一事实作出了不同的认定，导致本案的定性大相径庭。那事实究竟如何？在没有看到案卷之前，律师也很难下定论。

检察院正“左右摇摆”　资规局又“横插一脚”

经过五个月的漫长侦查，新年伊始，监察委率先以李某某涉嫌非国家工作人员受贿罪将案件移送检察机关审查起诉。随后不久，公安机关也以马某甲、吴某乙、陈某丙涉嫌诈骗罪，李某某、王某丁涉嫌伪造公司印章罪将案件移送检察机关审查起诉。至此，辩护人终于可以查阅案卷，得以一窥案件全貌。

公安机关提交的起诉意见书与李某某的说法相符。根据起诉意见书描述，李某某和马某甲、吴某乙三人一直合伙做工程，其中吴某乙负责承揽项目和股份分红，马某甲负责项目施工，李某某负责协调村社、镇街关系和材料盖章等。工程所获利润除年底分红外，剩余款项用于三人合伙的其他项目投资。本案马某甲、吴某乙之所以涉嫌诈骗，系二人挂靠A公司承包土地种植项目并雇用农户进行种植后，通过伪造A公司公章、A公司与农户之间的种植合作协议等手段，申报了省市规模种粮补贴、耕地地力保护补贴等。在农业补贴款下发至农户账户后，二人又以相关国家补贴款需要上交至A公司等理由，要求农户将收到的农业补贴款上交，实际上则将该部分补贴占为己有，涉案金额高达上百万元。由此可见，马某甲、吴某乙是在承包工程过程中，骗领了本应由土地经营主体A公司申领并享受的流转土地的农业补贴。而李某某虽与二人合伙做工程，但没有参与骗领农补一事，其只是为了工程盖章方便，指使王某丁联系上家伪造了若干单位印章（其中也包括A公司公章），因而与王某丁涉嫌伪造公司、人民团体印章共同犯罪。

起诉意见书对于李某某与马某甲、吴某乙系合伙关系的认定也得到了马某甲、吴某乙及其他证人证言的印证，他们均表示李某某也一同参与承包工程，并且获得了相应的分红。由此，辩护人在阅卷之后，结合在案其他证据，迅速向检察机关递交了李某某不构成非国家工作人员受贿罪的律师意见。辩护人认为，李某某和马某甲、吴某乙系合伙关系，其在工程推进过程中系正常履职，没有利用村干部的职务便利谋取好处，故其基于合伙关系及劳务投入从马某甲、吴某乙处获得的款项应当属于分红款而非贿赂款。

随后，辩护人和承办检察官进行了第一次面对面沟通。承办检察官在耐心听完律师的辩护意见后，说的第一句话就让辩护人喜出望外："我确实觉得他们之间是合伙关系。"正当辩护人以为下一句是李某某不构成非公受贿罪时，检察官紧接着说了第二句话："所以我在考虑李某某是否和另外两个人构成诈骗罪的共同犯罪。"这句话简直如晴天霹雳，让辩护人惊出一身冷汗——可别在辩护人辩护了半天，把当事人从轻罪辩成了重罪……辩护人还未回过神，检察官又抛出第三句“暴击”：“公安机关还要补充其他事实，等退回补充侦查回来再说吧。”

一个多月后辩护人才知道，原来在公安机关将案件移送检察院审查起诉后，区资规局针对某地块遭渣土倾倒导致农田难以恢复原耕地种植条件一事向公安机关移送了犯罪线索，该地块的土方消纳回填工程由马某甲、吴某乙和李某某三人承包。至此，在案件补充侦查结束再次移送检察机关审查起诉后，李某某等人又多了一起非法占用农用地事实的指控。

审时度势前置辩护　释法明理扭转思路

通常情况下，刑事辩护工作都是盯准一个“靶子”，提出相应的辩护意见。在审查起诉阶段，律师的“靶子”是公安机关的起诉意见书；在一审审理阶段，律师的“靶子”就变成了检察机关的起诉书，律师的工作都是围绕“靶子”展开。然而，在李某某的案件中，检察官反馈的意见让辩护人意识到，本案必须要将辩护前置，在检察机关立靶之前就“釜底抽薪”。故在拿到补充侦查的案卷之后，辩护人重点针对新增加的非法占用农用地罪以及李某某可能涉嫌的诈骗罪开展准备工作。

与此同时，辩护人也在第一时间将检察官反馈的意见带给了已在看守所羁押了八个月的李某某，并告知其两种处理结果的悬殊差异。如果双方是合伙关系，根据检察官的思路，李某某可能涉嫌诈骗罪、伪造公司印章罪、非法占用农用地罪三个罪名，其中仅诈骗罪一项，可能就要面临十年以上的刑期；而如果双方是行受贿关系，则李某某可能会被认定涉嫌非国家工作人员受贿罪、伪造公司印章罪两个罪名，根据涉案金额，即使两罪并罚，最后的刑期可能也仅在四年至六年。一边是十年以上的重罪，一边是四年至六年的轻罪，李某某陷入了沉思。对于几乎相差一半的刑期，李某某不可能不在意，但是他内心仍觉得自己和马某甲、吴某乙是合伙关系，其收取的是合法报酬而非受贿款。对此，作为辩护人，我们希望能在案卷中寻找更多的证据，以避免出现第一种结果。

再次翻开案卷，辩护人重新梳理了一遍思路：一开始，辩护人基于李某某的说法，先入为主地认为李某某和马某甲、吴某乙是合伙关系，且李某某在合伙过程中有投入资金及劳务，故不应认定李某某利用村干部的身份以分红为名收受贿赂。但再次阅卷后发现，李某某辩称的资金投入，只是在三人合伙承包第一个工程时投过钱，该工程结算后，李某某已取得分红后。虽然李某某坚称他和马某甲、吴某乙之间尚有资金未结算，后续工程的启动资金都来源于第一个工程的利润，但该工程分红之后所剩下的资金根本不足以覆盖后续几个工程项目的成本，绝大部分的投资款均由马某甲、吴某乙承担，李某某在后续合伙的工程中并未实际出资，只是马某甲、吴某乙考虑到李某某作为村干部负责协调村镇关系，对其项目帮助很大，故仍然与李某某合作并以分红的名义给予好处费。考虑到这一点，李某某所谓以“劳务”入股的辩解显得苍白无力，其村干部和股东的双重身份很难将正常的履职行为和利用职务便利谋取好处的行为区分开来。

当辩护人再次与李某某核对时，他终于承认，之前他一直以三人之间是一笔糊涂账为由“自欺欺人”，认为只要项目尚未结清，他就算有出资，因此“心安理得”地收取马某甲、吴某乙给予的分红款。在事实和法律面前，经过辩护人深入分析，李某某意识到了自己的问题，愿意对其受贿的违法犯罪行为负责，并自愿认罪认罚。

扼杀重罪于摇篮中　化险为夷终判四年

在确认李某某愿意对非国家工作人员受贿罪认罪认罚之后，辩护人仍不敢掉以轻心，因为针对李某某不构成诈骗罪和非法占用农用地罪的律师意见尚未得到承办检察官的认可，李某某最终仍可能会被以重罪起诉。因此，在推翻辩护人此前提出的三人系合伙关系的律师意见基础上，辩护人马上递交了一份补充律师意见书。在律师意见书中，辩护人一方面横向对比在案人员对于同一件事的不同说法，以证明李某某对马某甲、吴某乙的违法犯罪行为不知情；另一方面纵向对比本案发生的各个时间节点，以证明李某某不可能参与到马某甲、吴某乙实施违法犯罪行为的过程中。最终辩护人指出，李某某对于马某甲、吴某乙采用伪造文件、签订虚假协议的方式申领农补不知情，也没有和二人一起占有补贴款的行为表现，更没有从中获利，故不构成诈骗罪。除此之外，辩护人还提出，现有证据无法证明李某某参与了马某甲、吴某乙在土方消纳回填工程中倾倒渣土一事，因此李某某也不构成非法占用农用地罪。

承办检察官仔细听取了辩护人的补充律师意见，又对全案证据特别是对李某某不利的证据进行了严格审查，认为李某某仅实施了伪造 A 公司公章的行为，现有证据无法证明其参与了马某甲、吴某乙利用 A 公司公章骗领农补的后续事实，结合李某某指使他人私刻其他单位假章的事实，最终认定李某某涉嫌非国家工作人员受贿罪，以及伪造公司、人民团体印章罪和伪造国家机关印章罪，并以该三罪起诉至法院。知道这个结果，辩护人和李某某一直绷着的神经终于放松了下来。

在开庭当天，李某某签署了认罪认罚具结书，检察机关在李某某全部退赔的情况下，建议三罪并罚后判处有期徒刑四年并处罚金。在旧历年结束的前几天，裁判文书下达，法院采纳了检察机关的量刑建议，判处李某某犯非国家工作人员受贿罪，以及伪造公司、人民团体印章罪和伪造国家机关印章罪，数罪并罚后决定执行有期徒刑四年。而他的两个“合伙人”均判处犯诈骗罪、伪造国家机关印章罪，以及伪造公司、人民团体印章罪和非法占用农用地罪，其中吴某乙数罪并罚后决定执行有期徒刑十三年，马某甲数罪并罚后决定执行有期徒刑六年三个月（含立功情节减轻处罚）。相比之下，李某某的量刑远低于二人，他非常庆幸自己没有因为一时固执造成被重判十年的结果。律师和当事人及时转变观念，审时度势，让这起险象环生的罪轻辩护案件，最终画上了一个圆满的句号。当新年的钟声响起，李某某也燃起了对生活新的希望……

抽丝剥茧寻证据　精准阻击终获胜

——一起工期纠纷案施工方代理纪实

曲笑飞[1]　牛永帅[2]　甘婉琪[3]

1 曲笑飞，金道律师事务所高级合伙人，法学博士。

2 牛永帅，金道律师事务所律师，法学硕士。

3 甘婉琪，金道律师事务所律师，法律硕士。

一、案情简介

虽说被动挨打，不如主动出击，但并不是每一次的主动出击都会取得理想的效果。正如本案，H公司（原告）将某项目的土建安装工作发包给Z公司（被告，以下简称委托人）施工建设，合同载明开工日期为2017年9月1日（具体以开工报告为准），合同工期为790日历天，同时双方就每个施工节点完成时间及延误责任进行了详细约定。案涉工程实际于2018年3月16日开工，2020年12月28日完成五方主体验收，实际施工了1018天，至讼争案件发生前双方尚未完成结算。H公司为在结算阶段给委托人施加压力，选择主动起诉委托人及委托人股东公司要求承担工期延误228天的责任，诉请总金额高达8000余万元，并冻结了委托人股东公司的账户。

委托人及其唯一股东公司作为央企，本案的诉讼结果又关系到了整个施工项目的盈亏，H公司的起诉及财产保全行为对他们造成了一定压力。他们随即寻求曲笑飞律师团队的帮助，经过与委托人多次召开专题研讨会议、前往现场查阅案卷、梳理案件材料，团队律师抽丝剥茧，从堆积如山的工程资料中整理出了一系列有利于委托人的工期顺延的原始资料。经过前期两轮举证质证及庭前会议，在较为充分的证据及法庭初步判断及倾向态度的影响下，H公司在其主张的基本事实没有变动的情况下，主动变更诉请金额至3000余万元，同时法院决定解除对委托人股东公司账户的冻结，更换采取其他财产保全手段。之后就法庭关心的焦点问题，团队律师有针对性地整理了补充证据，并由工程专业人员依据有利证据编制工期技术分析文件，在充分证据及配套的专业性分析意见的共同助力下，最终一审判决驳回原告H公司全部诉讼请求。面对我方的“精准狙击”，H公司的主动出击首轮以失败收场，同时还为我方下一步起诉其支付拖欠工程款奠定了非常有利的开局。

二、办案过程

（一）争取灵活换封，解决燃眉之急

H公司起诉时将委托人及其总公司列为共同被告并要求总公司承担连带责任，同时申请法院冻结了总公司的账户。为保证总公司账户的正常运作，团队律师接受委托后，第一时间与主审法官沟通，主要包括以下几点：（1）本案无保全的必要性，委托人及其股东公司作为大型央企，即使本案判决支持H公司全部诉讼请求，将来也不存在执行难题，H公司的保全申请并非担心将来的执行问题，而是故意妨碍委托人及其股东公司的正常经营并造成负面影响；（2）从冻结委托人股东公司账户的风险性上看，其总公司作为大型央企，被冻结账户将会涉及的交易流水非常多、影响面大；（3）我方愿意提供符合条件的客户公司银行账号；（4）委托人与其股东公司之间是独立的法人，不存在人员、财务、业务等方面的混同，如委托人需要承担责任其资产也足以清偿，H公司将其股东公司列为共同被告并保全其财产，属于滥用诉权。经过多次沟通后，法院最终决定解除了对委托人股东公司公司账户的冻结，更换采取其他财产保全手段，及时解决了委托人的燃眉之急。

（二）突出证据的逻辑性，还原工期延误事实

建设工程项目具有周期长、复杂等特点，导致施工过程中发生工期延

误的概率非常高。而一个建设项目出现工期延误的结果往往不会是一个原因或事件造成的，而是多种因素累加而成。由此可见，在发包方起诉承包方要求承担工期延误责任的案件中，双方对工期延误事件及原因的举证、抗辩就成了“重头戏”。

本案原告H公司认为，双方签署的《建设工程施工合同》明确约定了合同工期为790日历天，案涉工程实际开工日期为2018年3月16日，故项目应在2020年5月13日竣工，但委托人直至2020年12月28日才竣工验收，延期了228天，进而导致房屋交付延期。因此，H公司诉请判令委托人支付节点工期延误、逾期竣工验收违约金及逾期竣工导致无法按期交房赔偿业主的损失。

团队律师与委托人进行初步沟通后发现案涉工程工期延误事件较多，随即组织委托人项目负责人员梳理工程资料，就H公司诉请事项逐一攻破。

1. 关于H公司诉请的逾期竣工违约金

团队律师通过翻阅、整理工程资料发现，案涉《建设工程施工合同》约定建设工期790天，合同原定开工时间为2017年9月1日，但因原告H公司原因导致2018年3月16日才开工，相应的竣工日期应当顺延至2020年5月14日。随后在委托人实际施工过程中发生了诸多非施工方原因导致的工期延误事件，如疫情防控、地勘报告部分内容有误影响桩基施工需要补充勘查、极端天气较常年大幅增多、H公司对部分资料复核拖延、部分做法频频变更且拖延确认、H公司不当取消降水施工导致基坑管涌严重影响施工进度、图纸部分内容错误且纠错不及时、H公司直接发包工程的工期延误等。因此，面对数量如此之多的工期延误事件，为了让法官清晰地了解、判断延误事件发生的原因、天数、责任等，相关证据的收集、补充、组合、罗列就成了重中之重。

（1）以具有总结性、且对我方有利的《项目交付倒排计划表》《关于竣工日期调整报告》为“主心骨”进行第一轮举证，以期在法官心中留下双方已书面将工期顺延至2020年11月30日的初步印象。

事后的情况证明此策略有效。虽然H公司不认可2020年7月8日的《关于竣工日期调整报告》的效力，比如其主张该份报告仅加盖的是H公司项目部章而非公章，且报告形成原因是为了办理工程延期以及配合委托人办理工伤保险合同延期而非同意工期顺延，以及工期顺延需要在相关事件发生后三天内上报发包人，等等。但在H公司项目部印章真实的情况下，事后证明法官更加关注实体性问题而非证据过程中的程序瑕疵，即法庭更关心此次将工期顺延至2020年11月30日有无相应事实支撑。在这种情况下，如果施工方（委托人）无法举证导致工期顺延的基础事实，则法庭有可能以形式上的瑕疵（如不符合合同约定的工期顺延申请程序）来否定证据效力，如果施工方（委托人）能够充分举证导致工期顺延的基础事实，则法庭则会采纳这两份证据。法庭的这种审理思路，正是事前律师团队希望的审理方向，因为事前整理相关资料时即已发现，发生在2020年7月8日前且合同约定能够产生工期顺延的事件非常多，资料较为完整，说服力强。故在第一轮举证质证后，律师团队顺势补充了800多页证据，以证明2020年7月8日前的大量影响工期的事件，进一步加强了法官认定工期顺延的心证。

（2）发现、梳理工期延误事件及相应资料。

律师团队通过对2020年7月8日前的工期延误事件进行收集、分类，整理了以下工期延误事件：

A. 恶劣天气影响。在团队律师建议下，委托人及时前往气象部门调取《气象证明》以证明恶劣天气的实际发生及相应天数。

B. 新冠疫情影响。包括政府文件、双方往来信函等。

C. 因建设单位原因导致施工进度受阻的情况。主要有：建设单位提供的图纸与现场不符、无法施工；建设单位对地下室防水提出新要求且新要求不符合国家规范、影响质量，委托人提出异议后交涉无果；建设单位围挡绿化占位，导致大量工程桩没有工作面，影响施工；泳池区白图存在缺陷，委托人反馈后等待回应；中间结构验收楼板厚度，建设单位需复测，但进度缓慢、影响工期；建设单位调整地下室地坪做法，等待设计单位确认；图纸缺陷；建设单位增加施工内容。

D. 建设单位未履行合同义务、未提供施工必要的条件，或者非因委托人的因素，导致正常施工进度受阻。主要有：建设单位提供的供水接口不能满足施工要求，供水量不足；建设单位未提供合适的消防道路，影响材料进出；建设单位未及时提供施工基点，且其口头提供的四个基点亦不准确，影响施工；施工中遇到暗管，需与建设单位共同确定暗管位置；管线等设计不合理，且不符合政府政策；建设单位提供的图纸不准确，缺少地下管线信息，导致施工中出现状况；因建设单位要求不进行降水，导致发生管涌，影响施工；建设单位提供的施工图与建筑图标高不符，需要建设单位、设计单位确认；二结构设计图纸要求与建设单位另行要求的建筑做法不一致，需建设单位明确；进度款支付迟延严重，影响正常施工；建设单位的要求不符合现场实际，等待建设单位进一步明确；需建设单位明确做法的事项，建设单位回复缓慢迟延，影响进度。

E. 建设单位提供的地质勘察报告不准确：如发现现场存在大量弹簧土，影响地基基础承载力，需变更施工方法；同时出现大面积桩基欠送、爆桩现象，需要对地质进行补充勘察。且以上事项持续时间长、施工阻碍大，对工期影响大。

F. 甲定分包单位进度延误：由建设单位直接发包的十余项分包工程，存在合同签订时间迟于原定进场时间、延迟进场、迟延完工等问题，影响委托人的正常施工进度。

以上举证基本上已达到了认定工期顺延至2020年11月30日的效果。接下来法庭关注的重点即2020年11月30日至竣工验收日期2020年12月28日的28天是否应予顺延。

（3）最后28天期间内的工期顺延及举证。

律师团队结合自身的专业知识及实务经验，梳理出最后28天期间影响工期的事件，主要有：

①消防工程的影响。发包人H公司另行发包的消防施工及消防验收滞后（消防验收于2021年2月5日通过），进而影响了竣工验收及备案程序。

②甲定分包单位进度延误。发包人H公司另行发包的室内电梯安装工程进度延误。为了证明该工程进度延误以及对委托人工程进度造成影响的事实，团队律师通过《施工组织总设计》说明委托人人材机的进场、使用需要采用施工电梯方式进行。通过《监理例会纪要》证明因室内电梯安装工程招标、签约时间滞后，导致原计划2020年6月应正常使用的电梯，到10月下旬时仍无法交付使用，严重影响委托人后续施工。

以上每件事件的影响期间均超过28天，最终让法庭确信该28天的工期延长责任不在于委托人。

经过团队律师分层次、针对性地举证，辅之以依据证据编制的《工期技术分析》，两者互相印证，相得益彰，一审判决最终认定：（1）本案工程竣工时间已经双方合意延期至2020年11月30日；（2）委托人就剩余28天工期延误应免责的抗辩合理，无须承担责任。

2. 关于H公司诉请的逾期交房损失赔偿

对此，除了前述第一点已充分举证委托人不存在逾期竣工事实外，团队律师还向法院提交了《致业主的家人书》《优化改造现场照片》，证明案涉工程竣工后，原告 H 公司为了促进交房顺利，对园区部分道路、设施等进行了优化升级，而增加了施工的内容，延后了交房日期，其向购房户支付的逾期交房 12 天的违约金与委托人无关。

因一审判决已认定委托人对本案工期竣工延误不承担责任。所以对于原告 H 公司以上要求赔偿逾期交房损失的诉讼请求，一审判决不予支持。

三、案件代理结果

委托人在案涉工程施工过程中较为规范的工期管理及资料保管，加上团队律师有效的举证策略，一审判决驳回原告 H 公司全部诉讼请求，依法认定了委托人对本案工程工期竣工延误不承担责任。律师团队专业、严谨的工作能力和工作态度，得到了委托人高度肯定。

四、办案启示

工期纠纷争议案件中，“证据为王”。做好工期管理工作，才能为将来可能发生的工期纠纷争议准备好“武器”。这就首先要求施工单位对影响工期事件的发生、解决过程、处理结果整个过程进行有效的记录管理。从工程联系单、签证单的签发、施工过程中的索赔等环节上留痕，以争取在发生工期争议纠纷案件时，法院可采取最简便的“简单加减”方法判断工期延误事件及延误天数，节约诉讼成本。其次，并非每一个工期影响事件都能被法院判定成立，这就需要律师团队专业的判断和筛选，从海量的工期资料中提取并具有逻辑性地整理出有效的工期延误证据进行举证、抗辩。这样才能有助于法官了解并还原工期延误事实，从而做出正确判决。

律师团队近年来做过较多工期争议纠纷案件。除了上文所介绍的案例外，不乏其他成功案例，如原告洛阳某房地产开发有限公司诉被告某建筑工程有限公司建设工程施工合同纠纷案。团队律师作为被告代理人，被告承建的商品住宅项目竣工交付后产生结算纠纷，原告以工期延误为由主动起诉要求承包人支付6000万元违约金及损失，被告反诉要求发包人支付欠付工程款及利息合计亦6000余万元，一审驳回原告全部诉请，并经造价司法鉴定认定工期造价1.4亿余元、尚欠4000余万元，并在施工合同无效的情况下争取到了按照月息1%计算利息的结果。再如，原告浙江某实业有限公司诉被告某建设集团有限公司建设工程施工合同纠纷案。团队律师作为被告代理人，原告主动起诉要求承包方支付5100万元工期延误违约金及利息，被告反诉要求发包人支付欠付工程款及利息合计5000余万元，经过律师团队有效举证及充分说理，最终促成调解结案，为被告减损工期延误违约金4700余万元，同时反诉被告需向反诉原告支付工程款及鉴定费等2000余万元。

法与理的博弈

——记一起贩卖新型合成大麻素制品案件的辩护思路

缪灿忠[1]　夏文忠[2]

[1] 缪灿忠，金道律师事务所律师，本科学历。

[2] 夏文忠，金道律师事务所初级合伙人，法学硕士。

合成大麻素系近几年频繁出现的毒品种类，2021 年 7 月 1 日被整类列管合成大麻素类新精神活性物质，主要滥用方式是溶于电子烟油或喷涂于烟丝、花瓣等植物表面吸食，主要形态俗称为“小树枝”“电子烟油”“娜塔莎”等。与传统毒品不同，合成大麻素作为新型的人工合成化学物质，具有类似天然大麻素的作用，却不依赖于大麻种植。相对而言，合成大麻素的获取成本更低，却具有更为强烈的兴奋、致幻效果，所以被广泛滥用。

通过对涉合成大麻素犯罪类案的检索，我们发现近年来此类案件数量正逐年增加，获罪人员平均年龄普遍偏低，集中在 20 岁至 25 岁，多以贩卖电子烟为主。

根据我国《刑法》的规定，毒品的不同种类、数量对应着不同的法定刑，毒品种类及数量的准确认定直接影响到对行为人的定罪量刑。

笔者办理的一起贩卖毒品案件，涉案“上头电子烟”（ADB – BUTINACA 合成大麻素）烟油量高达 50 克（另有 60 克经辩护没有被认定），但实际纯度仅 0.46%。如果按照国家禁毒委印发的《氟胺酮和 7 种合成大麻素依赖性折算表》，ADB – BUTINACA 折算海洛因 0.5 克，即涉案毒品 50 克可以折算海洛因 25 克。根据《最高人民法院关于审理毒品犯罪案件适用法律若干问题的解释》等规定，贩卖海洛因 10 克以上不满 50 克，对应的量刑区间为 7 年至 15 年。即我们的当事人因贩卖“上头电子烟”，将要被判处 7 年至 15 年的刑期，量刑明显过重。作为辩护人，我们认为应当区别对待实践中新型毒品的折算标准及量刑问题，否则会造成罪责刑失衡，所以要求对合成大麻素进行纯度鉴定。

一、为什么要对合成大麻素进行纯度鉴定?

本案烟油量高达50克，实际纯度为0.46%，即ADB－BUTINACA含量只有0.23克，但按照《刑法》第357条第2款的规定，“毒品的数量以查证属实的走私、贩卖、运输、制造、非法持有毒品的数量计算，不以纯度折算”，即定罪量刑时按照50克的数量计算，而非0.23克，这显然是不公平的。因此，我们认为必须要对新型合成大麻素进行纯度鉴定。理由是:

其一，对成分复杂的新型毒品进行纯度鉴定符合相关规定。根据《办理毒品犯罪案件适用法律若干问题的意见》《全国部分法院审理毒品犯罪案件工作座谈会纪要》《最高人民法院关于审理毒品犯罪案件适用法律若干问题的解释》等规定，对于可能判处被告人死刑的毒品犯罪案件、对涉案毒品可能大量掺假或者系成分复杂的新类型毒品的、为了隐蔽运输而临时改变毒品常规形态，临时溶于液体的、国家定点生产企业按照标准规格生产的麻醉药品或者精神药品被用于毒品犯罪的，需要进行纯度的鉴定，并且在定罪量刑时要将纯度考虑在内。“上头电子烟”显然属于成分复杂的新型毒品，应当进行纯度鉴定。

其二，有相关指导性案例可以借鉴。最高人民检察院第150号指导性案例指出，虽然《刑法》第357条规定了毒品数量以查证属实的毒品数量计算，不以纯度折算，但应当充分考虑新型毒品“常混于饮料食品中，往往含有大量水分或者其他物质”这一与传统毒品的不同之处，强调应综合考虑涉案新型毒品的纯度和致瘾癖性、社会危害性等因素。合成大麻素往往需要依赖载体才可以吸食，其常被溶于电子烟油当中、填充在烟丝上、稀释后浸泡在花瓣上，等等。这一特征导致在查获的毒品载体中实际提纯的合成大麻素含量极低，基本上都在千分之几至百分之几。部分毒品的含量如果像合成大麻素一样在千分之几至百分之几，就几乎失去了毒品的属性，甚至可能不构成毒品。而且办案机关同时查获原料与稀释后的毒品，以何种标准计算数量也是司法难题，所以我们认为有必要进行纯度鉴定。

因此，对于依附于其他物质、明显被稀释的新型合成大麻素，并未因稀释后改变其原先效用，那么附着的载体就不应当被计入犯罪的数量，以纯度作为量刑的计算标准就显得尤为必要。

二、如何对低纯度合成大麻素进行定罪量刑?

（一）在定罪量刑时应当考虑纯度是否明显低于正常范畴

根据2015年《全国法院毒品案件审判工作会议纪要（武汉纪要）》，海洛因的正常纯度为5%至60%，甲基苯丙胺（冰毒）的正常纯度为50%至99%，甲基苯丙胺片剂的正常纯度为5%至30%，氯胺酮的正常纯度为60%至99%，如果涉案毒品明显低于上述纯度范围最低值的，量刑时可以酌情考虑。

对新型合成大麻素也应如此，因其常被溶于电子烟油等载体中，所以应对该载体进行纯度鉴定，如发现纯度明显低于正常范畴，则不应当将载体数量直接作为折算基数。

例如，将已经制成可吸食的新型毒品稀释于可乐等饮品中，则纯度明显较低的可乐不应当被认定为毒品的数量。如（2020）粤03刑终2279号“韦某1走私、贩卖、运输、制造毒品案”就指出：韦某1主观上无追求更多毒品数量的目的，客观上加入饮料是该类毒品吸食方式的要求，未扩大危害范围，故本案属于为了便于掩饰携带、贩卖而将毒品二亚甲基双氧安非他明融入了可乐中，可乐液体本身不属于该类毒品的常规形态，可乐液体不应计入涉案毒品的数量。原审将查获的包括可乐在内的液体数量直接认定为涉案毒品的数量，导致罪刑不相适应，本院予以纠正。

（二）对没有参照阈值的新型合成大麻素如何进行纯度认定

笔者办理的这起案件，合成大麻素的实际纯度仅0.46%，如果直接按照载体数量去折算海洛因克数，相对应的量刑就会显著畸高。然而实践中没有相关法律法规确定其含量多少才算正常纯度，因此辩护人试图参照传统大麻的标准进行说理。

根据相关报道，合成大麻素与天然大麻中的四氢大麻酚等物质能产生类似效应的物质，一般认为其成瘾性和戒断症状类似天然大麻。

又根据国际标准，大麻中致幻成瘾的毒性成分四氢大麻酚（THC）含量大于0.5%的大麻被称为毒品大麻，具有明显的精神活性和滥用倾向，毒品大麻的THC含量可高达20%以上；大于0.3%小于0.5%的大麻被称为中间型大麻，精神活性较低，有药用倾向，也称为医用大麻；THC含量低于0.3%的大麻是工业大麻，在中国又称为汉麻，火麻，不显示精神活性。

我国《云南省工业大麻管理暂行规定》《云南省工业大麻种植加工许可规定》《关于加强国家麻类产业体系工业大麻种植与加工管理的通知》《工业大麻种子（NY/T 3252）》等规范对上述工业大麻的标准予以了确认。

因此，参照传统大麻的认定方式，本案合成大麻素的实际纯度其实处于医用大麻的含量阈值，精神活性较低，相比较传统大麻动辄20%以上的纯度，本案合成大麻素的实际纯度显著较低，在量刑时应当要考虑。

（三）对涉新型合成大麻素犯罪定罪量刑还应综合考虑其他因素

所谓的折算比例系国家禁毒委根据“依赖性”得出的计算方式，并非量刑的绝对参照。根据2023年《全国法院毒品案件审判工作会议纪要（昆明纪要）》第3条第1款：“对于刑法、司法解释未规定定罪量刑数量标准的毒品，参考已有折算标准，综合考虑其毒害性、滥用情况、受管制程度、纯度及犯罪形势、交易价格等因素，依法定罪量刑。”根据此前的《全国法院毒品案件审判工作会议纪要（武汉纪要）》，即便实践中有一部分合成大麻素有折算标准，仍应当综合考虑其致瘾癖性、社会危害性、数量、纯度等因素。

笔者检索整理了部分案例发现，实践中部分案例严格依照折算比例定罪量刑，也有案例综合考虑案件本身的危害性，突破了该毒品与海洛因的折算标准对应的量刑档次，被处以更低的量刑，而这种轻刑化也逐渐成为常态。因此，辩护律师完全可以从类案类判的角度，综合考虑毒害性、滥用情况、受管制程度、纯度及犯罪形势、交易价格等因素，向司法机关说理以争取从宽量刑。

最后再回到笔者承办的案例，审判机关最终认定我方当事人贩卖的50克电子烟油系“其他少量毒品”，量刑直降两档至“三年以下”。另当事人有从犯、坦白、认罪认罚的量刑情节，且辩护人在当事人认罪认罚的情况下，依然尽力争取，取得非常好的辩护效果。最终，审判机关没有采纳公诉机关认罪认罚具结时的“判三缓四”量刑意见，判处被告人有期徒刑一年二个月，缓刑一年六个月。

仲裁协议效力扩张理论对诉讼中第三人的创新运用

——记一起炼化装置营运期统括保险追偿权案

严　红[1]　崔海燕律师团队

[1] 严红，浙江工商大学教授，金道律师事务所高级顾问。

仲裁作为一种争议解决方式，在法学院的课程设置和实务运用中不如诉讼那般受到广泛重视，其特有的理论和规定也并不为法律人普遍熟知。但是在争议解决时，如能轻车熟路地运用相应的理论，往往会起到出奇制胜的效果。本文就是一起运用仲裁条款排除法院主管权的成功典范。

一、设备供货商卷入追偿权案
巨额赔款事故责任难分辨

2023 年 2 月中旬，作为设备供应商的 L 工程有限公司（以下简称 L 公司）收到某省法院的传票和 R 保险公司的民事起诉状，R 保险公司起诉 X（中国）有限公司（以下简称 X 中国公司），请求法院判令被告 X 中国公司赔偿其 750 万元并支付利息，L 公司作为诉讼第三人，在其过错范围内承担责任。

原来，L 公司是大型成套设备的设备供应商。2013 年 4 月，F 省炼化 M 气体有限责任公司（以下简称 M 公司）与 L 公司签订《商务合同》，M 公司从 L 公司处购买一套空分装置。L 公司提供的这套空分装置是从德国 X 公司进口的。该装置经安装、调试，于 2015 年 4 月投入使用。M 公司在 R 保险公司处投保了营运期统括保险，保险期间自 2019 年 1 月 1 日至 2019 年 12 月 31 日，总保险金额含机械设备保险金额与营业中断机械损坏导致的营业中断保险金额。

2019 年 9 月 27 日，F 省 M 公司的 3#空分装置故障停机。事故造成 M

公司直接物质损失以及营业中断损失。事故发生后，经公估机构评估、定损，M 公司核损，损失金额确定为 7,500,000 元。R 保险公司于 2022 年向 M 公司支付了保险金共计 7,500,000 元，同时取得对事故责任人的代位求偿权。

R 保险公司取得求偿权之后，以 X 中国公司为被告，L 公司为第三人向法院提起追偿权之诉。原告 R 保险公司认为，被告 X 中国公司作为产品的生产者，应当对产品的缺陷问题造成的损失承担赔偿责任。若第三人 L 公司存在过错，则应在其过错范围内承担责任。

事故发生后，M 公司成立了包括销售者即本案第三人 L 公司、生产者即本案被告 X 中国公司在内的联合调查小组对事故原因进行分析。对于事故发生的根本原因各方意见不一，原告单方面委托专业机构进行鉴定，得出结论认为电机绕组存在质量缺陷，是导致事故发生的根本原因。然而，被告 X 中国公司、第三人 L 公司则认为装置故障可能由其他因素引起。双方各执己见，尚无法判断事故责任是归咎于产品质量问题还是其他原因（见图 17－1）。

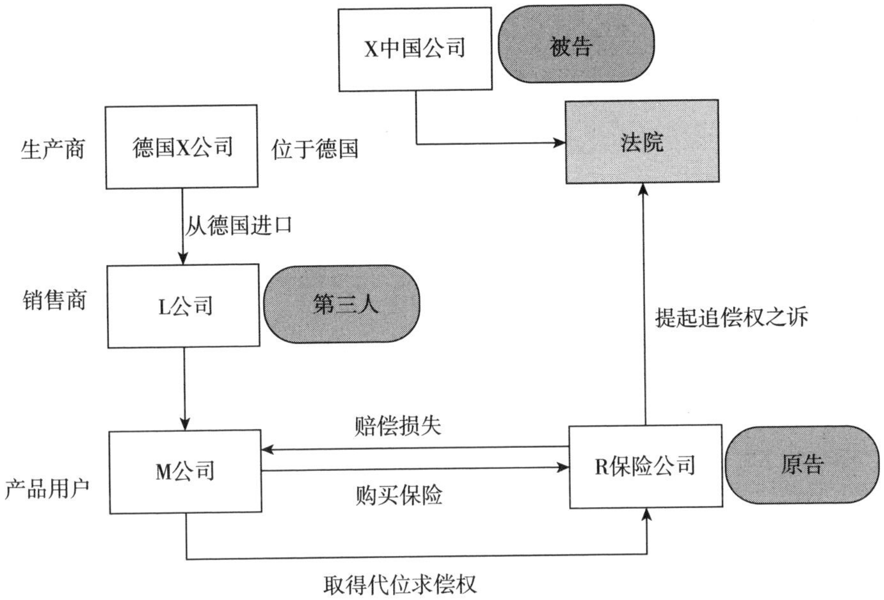

图 17－1　案情可视化

二、跳出寻常应诉路径　大胆运用仲裁协议扩张原理

收到L公司提供的诉讼材料的当晚，笔者仔细研读后有了惊喜发现：L公司与M公司的设备供应合同《商务合同》约定了仲裁条款。① 也就是如果L公司与M公司因该《商务合同》的履行所引起的与《商务合同》有关的一切争议，双方选择用仲裁方式解决争议，而不是向法院起诉。通过梳理材料笔者进一步发现，R保险公司在对M公司赔偿之后，与

① 《商务合同》第17.9条约定："因本合同的执行所引起的与本合同有关的一切争议……如经协商仍无法达成一致，则应提交仲裁解决。如果争议提交仲裁，则该争议提交给中国国际经济贸易仲裁委员会根据该会有效的仲裁规则。"

M公司签订了《权益转让书》，取得了代位求偿权。《权益转让书》没有约定争议解决方式。笔者也注意到M公司的《营运期统括保险单》，即保单中也没有约定争议解决方式。

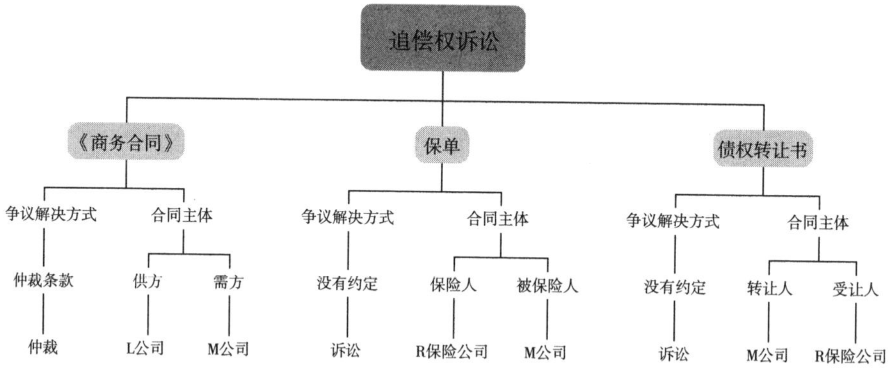

图17－2　案涉合同对争议解决方式的约定情况概览

根据图17－2所示，笔者发现与这起追偿权纠纷相关的合同有三份，分别是购买发生事故设备的《商务合同》，对这套设备投营运期统括险的《保单》，以及R保险公司在向M公司赔偿之后，与M公司签订的取得代位求偿权的《债权转让书》。R保险公司就是依据未载有争议解决条款的《债权转让书》向法院提起追偿权诉讼，如果合同中没有约定争议解决方式，就只能用诉讼方式解决争议。

本案中，笔者发现如果按照常规的诉讼途径解决争议，将对作为案件第三人的L公司非常不利。一方面，诉讼过程较为漫长，往往要经过一审、二审甚至再审；另一方面，由于当时L公司的项目经理早已离职，很多交易和处理事故的细节无法了解清楚，设备事故发生的原因和责任的归属难以确定。L公司提供给M公司的这套设备是L公司向德国X公司进口的，如果法院认定产品质量问题是引起事故的根本原因，第三人L公司作为设备销售方需要承担相应的责任。承担责任之后还要向德国X公司进行跨国索赔。

笔者长期在高校讲授研究生课程《国际商事仲裁法》，深入地研究过仲裁协议对未签署人效力的理论，尤其对仲裁协议效力的扩张[①]有过特别的关注。结合本案的情况，笔者果断提出R保险公司应该受《商务合同》中的仲裁条款的约束，案件应该通过仲裁方式解决，法院对本案没有主管权。笔者也检索到了我国可以支撑这一主张的法律依据。如果采用仲裁方式解决争议，对L公司而言，不仅可以争取到宝贵的举证时间，而且仲裁一裁终局的特性可以为委托人节省大量的时间成本。更为关键的是，由于原告R保险公司与产品生产商X公司之间并未约定仲裁条款，诉讼是其行使追偿权的唯一路径；而与销售商L公司之间的争议，受仲裁条款的约束，只能通过仲裁来解决。这无疑增加了R保险公司在追偿过程中的难度。对于R保险公司来说，原本基于《债权转让书》的争议解决方式——即通过诉讼方式解决争议，可以将X公司和L公司一并起诉，在一个案件中一起解决，成本和难度并不高。但是按照笔者的提议，L公司与M公司之间的仲裁条款在债权转让后对R保险公司仍有约束力，应该将R保险公司和L公司之间的争议提交仲裁解决，进而迫使R保险公司在没有确凿证据证明案涉设备发生事故可归责于L公司的情况下，不敢贸然向L公司进行追偿。

三、突破传统认知　向法院提出主管权异议申请

通常认为，如果合同当事人选择用仲裁方式解决将要发生或者已经发生的争议，都要签订仲裁协议，该仲裁协议对于签字方才具有效力。也就

① 参见刘晓红：《国际商事仲裁协议的法理与实证》，商务印书馆2005年版，第180页。

是说，仲裁协议对于非签字方，是没有效力，非签字方不受该仲裁协议的约束。本案中，R保险公司与M公司签订的《保单》《债权转让书》中，均没有约定仲裁条款，按照传统认知，在此情况下发生争议只能进行诉讼。但是根据仲裁协议效力的扩张理论，代位求偿情形下存在实现代位债权的仲裁请求的可能性。①

所谓代位求偿，是指与债的履行有利害关系的第三人，在为债务人向债权人作出清偿以后，取得代位权，可以在其清偿的范围内，以自己的名义代位行使债权人的权利。也就是说保险公司在向投保人进行赔付之后，在赔偿范围内取得了投保人的地位，可以代替投保人向相对人进行追偿。如果被代位权人与原债务人（清偿人或次债务人）之间订有仲裁条款，该仲裁条款对代位权人与原债务人是否有约束力？一些国家在司法实践中持肯定态度，在美国联邦最高法院于1995年审理的Vimar Seguros Y. Reaseg v. M/V Sky Reefer案中，作为保险公司的原告Vimar Segurosy Reaseg在向货主作出赔偿后取得了代位求偿权，然后以自己的名义向被告M/V Sky Reefer追偿。由于提单中订有仲裁条款，美国联邦最高法院最终判定仲裁条款对原、被告有效。②

通过对我国现行法律的检索，笔者进一步明确仲裁协议效力扩张的观点在保险公司代位求偿的过程中仍然适用。于是，笔者作为L公司委托代理律师，在首次开庭前向法院提出了主管权异议申请。申请中表述的事实和理由如下：

> 第三人L公司与被保险人M公司签订的《商务合同》第17.9条约定："因本合同的执行所引起的与本合同有关的一切争

① 参见刘晓红：《国际商事仲裁协议的法理与实证》，商务印书馆2005年版，第216页。
② 参见刘晓红：《国际商事仲裁协议的法理与实证》，商务印书馆2005年版，第213页。

议……如经协商仍无法达成一致，则应提交仲裁解决。如果争议提交仲裁，则该争议提交给中国国际经济贸易仲裁委员会根据该会有效的仲裁规则。”R保险公司在受让被保险人的《商务合同》项下的求偿权时，没有明确反对该仲裁条款，也没有与第三人L公司另外约定争议解决方式，故《商务合同》中的仲裁条款对R保险公司具有约束力，基于R保险公司与L公司具有有效的仲裁协议，故法院对R保险公司与第三人L公司的争议不享有主管权。

在主管权异议申请中，笔者引用了以下法律依据：

（1）《最高人民法院关于适用〈中华人民共和国仲裁法〉若干问题的解释》第9条的规定：“债权债务全部或者部分转让的，仲裁协议对受让人有效，但当事人另有约定、在受让债权债务时受让人明确反对或者不知有单独仲裁协议的除外。”

（2）《最高人民法院关于适用〈中华人民共和国保险法〉若干问题的解释（四）》第12条的规定：“保险人以造成保险事故的第三者为被告提起代位求偿权之诉的，以被保险人与第三者之间的法律关系确定管辖法院。”

（3）就前述法律规定，最高人民法院在《九民纪要》中作出进一步规定，即除具有涉外因素的民商事纠纷案件，被保险人和第三者在保险事故发生前达成的仲裁协议，对保险人具有约束力。

（4）《最高人民法院关于适用〈中华人民共和国民事诉讼法〉的解释》第216条的规定：“在人民法院首次开庭前，被告以有书面仲裁协议为由对受理民事案件提出异议的，人民法院应当进行审查。”

（5）《仲裁法》第26条规定：“当事人达成仲裁协议，一方向人民法院起诉未声明有仲裁协议，人民法院受理后，另一方在首次开庭前提交仲裁协议的，人民法院应当驳回起诉，但仲裁协议无效的除外。”

鉴于上述合同约定和法律规定，R 保险公司与第三人 L 公司的争议，某市 Q 区人民法院不享有主管权，而应通过仲裁解决。

综上，我方向法院提出申请，请求法院依法裁定驳回人 R 保险公司对第三人 L 公司的起诉。

四、积极与法官交流主张 及时提供《类案检索报告》

由于仲裁协议扩张原理突破合同相对性的传统，在司法实践中鲜为人知。发出主管权异议申请之后，笔者在与法官电话沟通时得知，该法官是第一次听说笔者提出的主管权异议的主张，表示该主张在理解上有一定的难度。同时法官也将我方观点与原告作过交流，原告提供了仲裁协议效力扩张理论违反合同相对性的案例。经过多次努力交流，法官终于同意笔者提供相关的材料来说明我方的观点。于是，笔者当天制作了《案例检索报告》，及时发给法官。

《案例检索报告》中包含了最高人民法院（2019）最高法民申 236 号裁判文书，笔者将该案中保险公司和法院的观点均标注出来，以便法官对比并作出正确的判断。

> 保险公司认为：首先，代位求偿权与债权转让虽然存在诸多相似之处，但是其权利来源、提起诉讼或仲裁的前提条件均不同。债权转让属于合同法中“合同的变更和转让”，未突破合同相对性，而代位求偿权源于《保险法》，实际可能增加原合同相对一方的义务，从而突破了合同相对性原则。债权转让中债权人

提起诉讼的前提是债务人违约，而保险公司须在履行理赔义务后才可向债务人追索，承担了追索不成功的风险，其代位求偿权利由法律规定，故债务人行使某些合同约定的程序上的抗辩权以拖延还款时，理应受到限制。其次，从司法实践来看，普遍认为保险公司行使代位求偿权不受原仲裁条款的约束。

最高人民法院认为：本案系人保广州分公司向被保险人赔偿保险金后，依据《保险法》第60条规定提起的保险人代位求偿权之诉。根据本案查明的事实，案外人（被保险人）广州珠江天然气发电有限公司与哈尔滨电气公司、通用电气公司签订的《联合循环项目合同》第18条“争端解决”条款载明：“双方因合同产生的或与合同相关的争端应通过友好协商解决。若未能达成一致解决方案，应将争端提交至中国国际经济贸易仲裁委员会（CIETAC）供其根据国际商会仲裁规则进行仲裁。”该仲裁协议系合同双方自愿达成，且不违反法律、行政法规强制性规定，应认定有效。《联合循环项目合同》签订时间为2004年9月25日，而案涉保险合同签订于2013年5月31日，人保广州分公司在签订该保险合同时应当知道上述仲裁协议的存在，且没有证据证明其明确表示反对该仲裁协议。原审认为案涉仲裁协议对人保广州分公司具有约束力，并根据《仲裁法》第26条关于“当事人达成仲裁协议，一方向人民法院起诉未声明有仲裁协议，人民法院受理后，另一方在首次开庭前提交仲裁协议的，人民法院应当驳回起诉，但仲裁协议无效的除外”的规定，认定本案争议不属于人民法院主管，裁定驳回人保广州分公司的起诉，适用法律并无不当。人保广州分公司申请再审所述本院（2005）民四他字第29号、（2009）民四他字第11号以及（2017）最高法民辖监2号案，均系海上货物运输合同所涉纠纷，与本案事实并不完全相同，人保广州分公司据此主张对原审裁定应当再审，理由亦不能成立。

综上可见，根据最高人民法院（2019）最高法民申 236 号案中的观点，保险公司在代位求偿时不能用合同相对性理论对转让前仲裁协议的效力进行抗辩，充分证明了仲裁协议效力扩张的理论不但在我国现行法律及相关司法解释中有规定，还在司法判例中有所运用。

五、解除各方疑惑　终获法院支持驳回全部诉讼

然而《类案检索报告》在发送给法官之前，委托人 L 公司的法务提出了不同看法，认为出现故障的这套设备，是 L 公司从德国 X 公司采购的，具有涉外性，要求笔者删除或者修改的《类案检索报告》中关于本案不含涉外因素的表述。① 根据《九民纪要》第 98 条的规定（笔者在《类案检索报告》引用了该条款）：“【仲裁协议对保险人的效力】……考虑到涉外民商事案件的处理常常涉及国际条约、国际惯例的适用，相关问题具有特殊性，故具有涉外因素的民商事纠纷案件中该问题的处理，不纳入本条规范的范围。”该条表明，在涉外民商事案件中，仲裁协议效力能否扩张至保险人，不按照本条规定处理。

为了打消公司法务疑惑，笔者专门通过电话会议，就此跟 L 公司的法务们介绍了我国在涉外因素判断中的最新发展，结合本案讲解如何判断一个案件中是否含有涉外因素：本案中，虽然案涉的故障设备是 L 公司从德

① 笔者在《案例检索报告》中注明：“本案中，保险人与第三者 L 公司之间主体、客体和内容均没有涉外因素，发生的纠纷是国内民商事案件，故适用于上述条款的规定范围。”

国采购的，但是，判断一个法律关系是否涉外，是有时间节点的。签订保险合同以及保险人取得代位求偿权时，该设备已经位于中国境内。所以无论从主体、客体还是从内容上看，本案均不具有涉外因素，属于国内民事案件而非涉外案件。笔者也进一步解释了在《类案检索报告》中特别注明本案是国内民事案件的原因。通过笔者的讲解，L 公司的法务们表示学习到了原来在课堂上没有讲过的如何判断涉外因素的知识。

如图 17－1 所示，笔者在办案过程中还关注到一个有趣的问题，即无独立请求权的第三人是否有权提出主管权异议。根据《最高人民法院关于第三人能否对管辖权提出异议问题的批复》（法〔经〕复〔1990〕9 号）第 1 条的规定，有独立请求权的第三人若对法院之间的管辖权有异议，是有权提出管辖权异议的。① 第 2 条规定了无独立请求权的第三人，无权提出管辖权异议。② 但该批复并没有提到第三人是否有权在法院和仲裁机构管辖权问题上提出主管权异议。本案原告 R 保险公司基于产品质量存在缺陷向被告 X 中国公司和第三人 L 公司提起追偿权之诉（追偿的基础法律关系为侵权法律关系）。根据《民法典》第 1203 条③以及《产品质量法》第

① 《最高人民法院关于第三人能否对管辖权提出异议问题的批复》第 1 条：有独立请求权的第三人主动参加他人已开始的诉讼，应视为承认和接受了受诉法院的管辖，因而不发生对管辖权提出异议的问题；如果是受诉法院依职权通知他参加诉讼，则他有权选择是以有独立请求权的第三人的身份参加诉讼，还是以原告身份向其他有管辖权的法院另行起诉。

② 《最高人民法院关于第三人能否对管辖权提出异议问题的批复》第 2 条：无独立请求权的第三人参加他人已开始的诉讼，是通过支持一方当事人的主张，维护自己的利益。由于他在诉讼中始终辅助一方当事人，并以一方当事人的主张为转移。所以，他无权对受诉法院的管辖权提出异议。

③ 《民法典》第 1203 条：因产品存在缺陷造成他人损害的，被侵权人可以向产品的生产者请求赔偿，也可以向产品的销售者请求赔偿。产品缺陷由生产者造成的，销售者赔偿后，有权向生产者追偿。因销售者的过错使产品存在缺陷的，生产者赔偿后，有权向销售者追偿。

43 条[①]的规定，因产品存在缺陷造成他人损害的，被侵权人可以向产品的生产者请求赔偿，也可以向产品的销售者请求赔偿。案涉设备的生产商是德国 X 公司，销售商是 L 公司。作为原告的 R 保险公司，错误地将 X 中国公司列为被告。基于上述法律规定和案件现状，笔者认为 L 公司作为本案的第三人，在法律没有禁止的情况下，有权提出主管权异议申请。

提出主管权异议的当月，笔者收到了法院的民事裁定书，支持了我方提出的所有观点，驳回了原告的起诉。笔者感到十分欣喜，一方面，功夫不负有心人，我方的观点得到了法官的支持；另一方面，笔者也看到新一代的法官，对于新观点是持开放态度的。这起案件的办理效果远远超出预期，得到了委托人 L 公司的高度评价和认可。通过一份主管权异议申请书，L 公司成功避免了通常需要经历的一审、二审甚至再审的漫长程序，以及在诉讼中需要准备的大量抗辩工作。

六、办案启示

法律是实践性很强的学科，笔者在法学院长期从事国际商事仲裁的教学和科研过程中，一直关注国际上仲裁理论和司法实践的最新发展动态，这种长期的观察不知不觉地成为习惯，在作为律师办理案件的过程中有效地发挥出来，对办案思路的创新大有裨益。本案的办理过程可谓一波三折，笔者提出主管权异议的观点能在本案中被法官认可也实属不易。由于

① 《产品质量法》第 43 条：因产品存在缺陷造成人身、他人财产损害的，受害人可以向产品的生产者要求赔偿，也可以向产品的销售者要求赔偿。属于产品的生产者的责任，产品的销售者赔偿的，产品的销售者有权向产品的生产者追偿。属于产品的销售者的责任，产品的生产者赔偿的，产品的生产者有权向产品的销售者追偿。

仲裁协议效力扩张的理论并不为律师同行、法务和法官所熟悉，与传统的合同相对性理论也不相符，再加上案涉设备的生产商位于德国，容易被误认为具有涉外因素，故在案件办理过程中一定要有耐心，并坚持自己的观点，依靠扎实的理论功底和深入浅出的论证，才能有说服力。感谢崔海燕律师给笔者提供了这次实战的机会，同时，周弘律师的细致和敢于尝试的精神值得笔者学习。

第三部分

非诉讼项目篇

离婚财产分割的谈判策略

——以一上市公司实控人的离婚纠纷为例

俞菊明[1]　张　凛[2]

1 俞菊明，金道律师事务所高级合伙人，研究生学历。

2 张凛，金道律师事务所律师，法学硕士。

近年来，离婚案件的财产分割问题日益复杂，特别是当涉及上市公司实控人等高净值群体时，情况更是如此。离婚财产分割不仅关乎当事人的切身利益，还考验着法律从业者的专业能力和责任感。本文将深入分析一起上市公司联合实控人与家庭主妇的离婚纠纷案例，探讨在此类案件中律师如何运用法律知识和谈判技巧为当事人争取最大的合法财产权益。

在本案中，女方作为家庭主妇，并未参与家族公司的经营活动。在婚姻关系出现裂缝后，面对男方的强势地位和复杂的财产状况，她选择了勇敢面对，坚决维护自己的合法权益。作为女方的代理律师，我们深知责任重大。案件代理过程中，我们充分发挥专业优势，通过深入的调查取证、专业的法律分析、多轮艰苦的谈判，成功为女方争取到了最大限度的财产分割利益，同时保障了两个儿子的未来经济安全。下文将详细介绍本案的处理过程和成功经验。

一、案情简介

2023年某日，赵女士约见了浙江金道律师事务所高级合伙人俞菊明律师。赵女士称，她和丈夫王先生已结婚三十余年，双方育有两个儿子，大儿子已成年，小儿子尚处于小学教育阶段。在家庭分工上，丈夫一心扑在公司，事业如日中天，现在担任某上市公司的联合实控人，掌握大量的家族资产和公司资源，而赵女士在小儿子出生后便放弃了事业，选择回归家庭。

赵女士本以为家庭生活幸福美满，直到丈夫身边出现了第三者，她才如梦初醒。更让赵女士难以接受的是，丈夫主动提出了离婚。双方互相僵持了一年，一年之后，尽管赵女士并不情愿，但在丈夫坚持离婚的立场下，她决定接受这一现实。面对离婚过程中可能出现的复杂情况，她意识到需要专业的法律支持，因此决定寻求专业律师的帮助。

二、深入调查、分析，制定谈判策略

经了解，男方持有大量上市公司股票及控股公司股权，夫妻名下有两辆豪车、两套豪宅。我们立即对该上市公司进行尽职调查，并梳理可分割的夫妻共同财产。

接受委托后，我们开展了全面且细致的调查取证工作。我们首先收集了上市公司年度报告、公司财报、审计报告、股权结构等资料，并对其进行分析论证，再通过其他手段的调查取证，我们获取了男方自公司上市以来的年收入、直接与间接分红收入、购入和持有的公司可转债等资产的证据，明确了男方直接、间接持有的上市公司股票的数据，也成功掌握了男方持有的其他资产的证据。

在调查取证的同时，我们也对上市公司的治理结构和经营状况进行了分析。这一分析旨在评估男方对公司的控制程度、离婚可能对公司造成的影响以及公司未来的发展前景等。我们了解到，男方十分看重公司的声誉和市值管理。

在法律分析方面，我们针对性地研究了《最高人民法院关于适用〈中华人民共和国民法典〉婚姻家庭编的解释（一）》和众多相关案例，并根据实践经验，整理出了本案离婚财产分割中对女方有利的所有事实因素，包括但不限于婚姻关系的持续时间、女方对家庭的贡献、离婚后对子女抚养的责任分配、男方在婚姻关系中的过错等。

在离婚成本方面，夫妻财产金额巨大，诉讼离婚成本高，诉讼对于双方来说并不是最佳的选择。因此，在谈判时，我们将综合考虑这些因素，力求为女方争取到公平合理的财产分割比例。

三、进行多轮谈判，起草离婚协议

在与男方的谈判过程中，我们始终保持冷静和专业的态度。强调了离婚可能给男方带来的负面影响，包括可能的股价波动、公司治理问题以及个人声誉损害等。同时，我们也指出了男方在婚姻中存在的过错，并解释了这些过错在法律上可能对财产分割产生的不利影响。

（一）首次谈判：双方观点不同，分歧较大

首次谈判时，女方不同意离婚。女方从年轻时陪男方一起创业，为家庭付出了全部，她希望能够挽回男方。

男方虽然愧对女方，但坚持要离婚，其愿意在经济上补偿女方，双方名下的两套房产、两辆车平均分配，小儿子归女方抚养，男方支付抚养费。男方持有的一半上市公司的股票及公司股权归女方，另一半两个儿子平均分配，待两个儿子年满 30 岁时办理过户手续，男方补偿女方 1000 万元。

由于首次谈判，双方观点完全不同，没有达成协议。

（二）多轮谈判：逐步缩小差距，寻找共同点

两周后，女方接到法院的通知，男方已在法院提起离婚诉讼，但男方

并未提出财产分割诉请。至此，女方对婚姻的继续也不再抱有任何幻想，但她要为自己和儿子的合法权益和未来的生活稳定做最后的拼搏。

我们及时为女方出具了具体分割方案。在考虑了女方和两个儿子的利益以及方案可行性的前提下，针对股票和股权部分，我们建议属于女方及大儿子的股票、公司股权应在离婚后立即过户给女方及大儿子；属于小儿子的股票、公司股权应在离婚后立即过户给女方由女方代持，待小儿子成年后，女方可选择合适时机过户给小儿子。

起初，男方坚决不同意该方案。男方的理由是大儿子尚年轻，小儿子更是年幼，两人心智都还不成熟，不宜持有大额财产。但我们认为这是男方的借口，男方实际是不想放弃财产控制权。女方认为，大儿子由女方一手抚养长大，其对儿子最为了解，而小儿子也将由女方继续抚养，因此，她认为男方的理由站不住脚，坚信自己同样具备管理小儿子财产的权利和能力。而如果股份和股权由男方代持，女方以及儿子在很长时间内无法掌控该些资产，不仅不能获利，资产在今后贬值灭失的风险也非常大。经过多轮的持久战及心理战，男方在离婚冷静期的最后一天同意了女方的要求。最后，双方达成共识，签订了离婚协议。

四、成功经验

（一）利用有利筹码

在离婚过程中，我们充分利用了各种有利筹码，使男方在谈判中处于被动地位。本次协议离婚确保了女方在财产分割时获得最大利益，并在离婚后可以完全掌控自己的资产，这是本案的成功之处。

（二）关注客户需求

在处理本案过程中，我们始终关注委托人（女方）的需求和关切。我们了解到女方最关心的是两个儿子的未来经济安全和家族资产的传承问题。因此，我们根据客户核心需求设立谈判目标，并设定渐进式的谈判方案，在谈判中始终围绕女方的核心目标，最终为两个儿子争取到了可观的家族资产。这种以客户为中心的服务理念赢得了女方的信任和认可。

五、结　语

在这个案例中，我们充分展现了扎实的专业能力和强烈的责任心，不仅为客户争取到了最大的财产分割利益，还为她提供了全方位的法律支持和心理辅导。我们的专业表现和尽职尽责的态度获得了客户发自内心的认可。基于此，委托人在后续的资产传承和财富规划上继续委托我们为其提供相应的法律服务。

总之，这起离婚案件的成功处理得益于我们对案情的深入了解、对法律知识的熟练运用以及对客户需求的精准把握。我们将继续秉持专业精神和责任感，为更多客户提供优质的法律服务。同时，我们也希望通过这个分享本案的经验和策略，为类似案件的处理提供有价值的参考和借鉴。

律师管理数亿元遗产操作实务

俞菊明[1]　张　凛[2]

[1] 俞菊明，金道律师事务所高级合伙人，研究生学历。

[2] 张凛，金道律师事务所律师，法学硕士。

随着中国数十年的改革开放和经济的高速发展，富裕人士拥有的财产不仅数量庞大，其财产形式也越发多元化。除了传统的自住房产、车辆和存款外，他们还拥有各类投资性房产、股票、基金、有限公司股权、合伙投资份额、大额保单、信托、理财产品、黄金、字画古董、奢侈品等各类有价资产。

一些企业家在奋斗了一生后积累了大量财富，如果他们突然离世，而生前既未留下遗嘱也没有遗产规划，那么继承人该如何厘清已知的巨额遗产？又该如何分配，以保证家庭和睦、亲情不破裂？对未知的财产，继承人如何寻找和梳理，以确保遗产不流失？继承人毫无理财经验，又如何实现资产保值、增值？这些都是极富挑战的问题。因此，在遗产继承过程中，继承人往往会求助专业的家事律师，委托律师担任遗产管理人，以解决上述家庭重大问题。

一、临危受命，接受委托

2023 年某日，王女士急匆匆地赶到浙江金道律师事务所，约见了本所高级合伙人俞菊明律师。王女士称其丈夫老赵是某上市公司老总，家庭财产几乎全部由老赵掌控和管理，王女士是家庭主妇，不太了解家庭财产情况，也不懂理财。前不久，老赵因病突然去世，没有遗嘱，也没有任何交代，面对巨额的家庭财产，王女士不知所措。

经过与王女士的沟通，我们归纳了王女士的四个需求：第一，王女士并不知道老赵的遗产具体有哪些，丈夫的突然离世，让其每天都处于悲痛的状态，没有勇气去整理家中物品和资料，希望我们可以帮助她梳理遗产。第二，老赵的法定继承人有三位：妻子王女士、儿子小赵、母亲赵母。而赵母已经八十多岁，其去世后可能会涉及财产分割的法律风险，该如何避免？第三，王女士和儿子小赵（已经谈了女朋友，准备结婚）分得遗产后，面对巨额财产，如何保障财产的安全？第四，王女士没有任何理财经验，也不懂投资，她应如何实现财产保值和增值？

面对王女士的迫切需求，我们先对王女士进行心理疏导，并建议她立即启动遗产处理程序，不宜再拖。同时，我们团队加班加点，向王女士出具了律师提供遗产管理和继承服务的方案。数日后，我们接受了王女士和儿子小赵的正式委托。

二、收集材料，梳理遗产

王女士按照我们提供的方案，收集了家中所有与资产相关的资料，装满了一大皮箱。面对如此繁多又零碎的材料，我们有条不紊地一件一件向王女士了解财产的线索和法律状态，并做了详细的笔记。

在遗产管理人尽调过程中，首要任务是梳理和核实所有书面凭证，以便准确掌握遗产的状况。因此，我们首先对王女士提供书面凭证的财产进行了梳理。

（一）不动产

在遗产继承过程中需要对住宅情况进行梳理，明确其所有权归属，判断住宅是夫妻共有还是一方个人财产，以便区分遗产范围。这一步骤要求律师仔细审查房产证和其他相关的产权文件，以确定遗产的具体范围。

梳理投资性房产则更为复杂，由于这些房产通常具有家庭共有性质，并且多处于租赁状态。律师需要界定遗产的范围，并审阅租赁合同，评估租赁关系是否正常，是否存在续租的可能性，了解租赁方违约的救济措施等；此外，律师还需要关注房产的维护状况、税费缴纳情况等，这些因素都可能影响遗产的价值和分配。

（二）大额保单

梳理大额保单时需要分析各个保单的法律架构，根据不同保单的所有权属性，界定遗产范围，包括受益人指定、保费支付情况、保险金领取条件等因素。根据这些信息，律师可以制订相应的继承方案，以确保遗产的合法继承。

（三）私募基金

梳理私募基金时需要特别关注基金的运作状态和法律风险。具体而言，律师需要分析基金的合同条款，了解基金的投资组合、收益分配、风险控制机制等。同时，还要评估基金是否存在违约风险，是否有涉刑问题，以及这些风险对遗产分配的影响。基于这些分析，律师可以为不同状态的私募基金设计合理的继承方案，以保护遗产继承人的利益。

（四）保管箱内财产

保管箱客户一般会在箱内保存贵重物品，因此，银行对开箱操作非常谨慎，并设定了严格的开箱程序。本案中，王女士未能在家中找到保管箱钥匙，故必须启动凿箱程序。为此，三位继承人做了公证，由公证员凿箱清点箱内物品。经过清点，老赵保险箱中存有数十件贵重物品，这些物品也一并被列入遗产清单之中。

（五）没有任何书面凭证的动产

富裕家庭的财产中往往也包括各类动产，如存款、黄金、字画、古董、奢侈品等。本案中，除了个人物品外，王女士并未持有其他动产，也没有参与这些动产的购买和管理。面对这种情况，我们该如何处理？

根据王女士提供的线索，我们指导王女士进行了详细的继承查询。

经过查询，我们明确了被继承人名下的存款余额、理财产品、基金份额、外币余额等财产的总金额约为5000万元，我们将这些财产逐一登记列入遗产清单。

此外，我们还协助王女士梳理、清点了家中字画、古董、奢侈品等，这些信息也被登记并列入遗产清单。

三、继承公证，处理遗产

在完成了遗产的调查和清点工作之后，我们进一步调研了委托人家庭成员的状况和资产情况。这一步骤至关重要，因为它直接关系到如何为委托人制定最合适的继承路径和方案。我们的目标是在充分了解委托人的需求和家庭情况的基础上，制订一个既能维护委托人合法权益，又能尽可能减少家庭内部矛盾的继承方案。

接下来，我们拟定了相关的继承协议和文书，并协调召集了法定继承人签署这些文件。在此过程中，我们也协助委托人办理了公证手续，确保了继承协议的法律效力。

拿到公证文书后，我们立即开展了遗产处理工作。

（一）分割法院待执行债权

因老赵在法院还有尚未结案的执行案件，所以我们立即与王女士、小赵办理了单项的委托，随后联系承办相关案件的法官，获取了案件资料，并实时跟踪法院的执行进展。在指导继承人获得继承公证文书后，我们协助继承人前往法院领取了执行款项。

（二）分割股票资产

在仔细梳理王女士提供的众多材料过程中，我们发现了一张很不起眼的小纸片，纸片上写着某证券公司的名字。根据该线索，我们马上协助王女士去该证券公司进行了继承查询。果然，老赵确实在该证券公司开了户，且持有大额股票资产，不仅如此，他还以赵母的名义在该证券公司开了户。

根据上述资产情况，我们协助继承人获得相应的继承公证文书，随后对老赵自己的账户内资产进行了继承分割处理。同时，我们还协助继承人跟赵母进行了充分的沟通，在获得赵母的同意后，我们合法处置了赵母账户内的股票资产。

（三）分割银行存款并过户不动产

最后，我们协助委托人和相关机构办理了银行存款分割和房产过户手续。在整个过程中，我们遇到了不少疑难法律问题，但依靠我们的专业知识和不懈努力，问题最终都得到了妥善解决。

四、继承后资产的安全处置和正确理财

遗产继承后，王女士和小赵名下迅速获得了大额资产，但两人都缺乏理财经验，如何保障资产的保值和增值成为我们的一项重要任务。与此同时，众多金融机构都希望与王女士建立投资关系，作为王女士、小赵的私人法律顾问，我们对这些金融机构提供的各种投资合同和服务协议进行了细致的法律审核，以尽可能确保王女士和小赵的资产安全。

同时，考虑到小赵马上要与女朋友结婚，我们还为小赵出具了婚前财产建议方案，以避免婚后出现资产混同的情况。

五、结　语

经过我们全面的尽调和梳理，本案涉及的遗产标的总计约 2 亿元。整个项目历时数月，涉及的工作量巨大，但最终我们成功地为王女士和她的家庭完成了老赵遗产的继承工作。在此过程中，我们展现了专业的法律服务能力和对客户负责的态度。我们相信，通过我们的努力，王女士和她的家人能够在尊重老赵遗愿的同时，得到应有的遗产分配。

遗产管理是一项充满挑战、责任重大的工作。一个合格的遗产管理人，既要做好遗产的调查与管理，又要融会贯通，厘清《民法典》《公司法》《保险法》《证券法》等领域的法律关系，还要帮助高净值客户完成遗产继承，实现财产增值。律师作为专业的法律从业者，具备专业的法律知识和实践经验，是遗产管理人制度的最佳践行者！

律师参与地方立法的优势与途径

赵青航[1]　狄佩宇[2]　吉志亮[3]　徐晓阳[4]

[1] 赵青航，浙江理工大学特聘副教授、硕士生导师，金道律师事务所品牌与文化建设委员会主任，法学博士。

[2] 狄佩宇，浙江理工大学硕士研究生。

[3] 吉志亮，金道律师事务所律师，法律硕士。

[4] 徐晓阳，金道律师事务所律师，法律硕士。

一、律师参与地方立法的依据与途径

改革开放以来，中国的法治水平逐步提高，社会各界对良法善治的期望与要求也在同步提高。党的二十大报告对“坚持全面依法治国，推进法治中国建设”作出重要部署，要实现法治化，首先是有法可依、有法能依。[①] 地方立法是中国特色社会主义立法体制的组成部分，是对中央立法的重要补充，在贯彻国家法律、凸显地方特色、聚焦重点领域、引领全国性立法等方面发挥着关键作用。2015 年第一次修正的《立法法》，在第 81 条第 1 款对地方立法主体范围作出扩张性规定，即享有地方立法权的主体由较大的市扩展到设区的市。[②] 伴随地方立法权的大幅下放，如何提高立法质量日益成为地方立法理论和实践中的核心主题。

地方性法规是地方人大行使立法权的重要体现，地方性法规质量的高低能够反映地方立法权行使效能的高低。[③] 地方立法的价值不仅体现在立法的数量多少、条文的篇幅长短，更在于其能否充分反映地方特色，是否具有较强的可操作性。为此有必要构建更为科学、民主的立法机制。为解决地方人大立法资源不足、部门利益和地方保护主义法律化、公众参与力度不够等问题，《立法法》第 57 条第 2 款设置了第三方参与地方立法的制度，即“专业性较强的法律草案，可以吸收相关领域的专家参与起草工

---

① 参见许安标：《以高质量立法保障全面推进国家各方面工作法治化》，载《民主与法制》2024 年第 2 期。

② 《立法法》第 81 条第 1 款：“设区的市的人民代表大会及其常务委员会根据本市的具体情况和实际需要，在不同宪法、法律、行政法规和本省、自治区的地方性法规相抵触的前提下，可以对城乡建设与管理、生态文明建设、历史文化保护、基层治理等方面的事项制定地方性法规，法律对设区的市制定地方性法规的事项另有规定的，从其规定。……”

③ 参见吕庆明：《地方立法技术与规范》，法律出版社 2023 年版，第 3 页。

作，或者委托有关专家、教学科研单位、社会组织起草”。律师作为提供法律服务的专业人士，由其参与地方立法不仅具有合法性，而且能在提高地方立法质量方面发挥专业作用。

当前，中国律师参与地方立法的途径主要分为直接参与和间接参与。直接参与方式具体包括律师作为人大代表、政协委员参与地方立法，担任党委、政府法律顾问提供地方立法建议，接受委托作为第三方起草法规草案，① 通过参与第三方评估的方式参与地方立法。② 间接参与方式包括律师通过诉讼活动影响并推动立法，参与立法听证会，通过公开征求意见提出立法意见等。

二、律师参与地方立法的优势及作用

（一）提升地方立法科学性

地方立法的科学性是指立法从实际出发，把握客观规律，具体包括立法理念、立法内容、立法程序、立法技术等方面的科学合理。“立法是一种以精确的方法和技巧来准确表述客观规律的科学活动和技术活动。”③ 宏观层面上，地方立法必须在符合社会主义法治精神的同时，保持地方性法规体系内部的稳定和谐，发挥良法善治的指引作用。微观层面上，在不与上位法抵触的前提下，地方立法须在相应权限范围内根据当地的具体情况

---

① 《中共中央关于全面推进依法治国若干重大问题的决定》提出：“探索委托第三方起草法律法规草案。”

② 《中共中央关于全面推进依法治国若干重大问题的决定》提出：“对部门间争议较大的重要立法事项，由决策机关引入第三方评估，充分听取各方意见，协调决定，不能久拖不决。”

③ 崔卓兰、孙波：《地方立法质量提高的分析和探讨》，载《行政法学研究》2006 年第 3 期。

和实际需要设计每一具体制度、每一章节条款，须顺应当地经济社会发展大势，妥善处理权力与责任、权利与义务之间的关系。应当认识到，律师不仅具备扎实的法学理论功底，更在法律实务工作中积累了大量的实践经验，能够在地方立法的制定过程中提供有力的理论支持与经验加持。同时，由于律师职业自身的独立性，其在地方立法实践中更能秉持中立、客观、理性的立场，以此提升地方立法的科学性。

（二）提升地方立法民主性

《立法法》第6条是对民主立法内涵最直接的表述。[①] 地方立法的民主性是指立法体现人民意志，在立法决策、立法活动中始终贯彻全过程人民民主原则，聚焦民生领域，广泛听取人民群众有关意见，不断扩大人民群众参与立法的范围与途径。“公民参与立法是公民政治参与的重要组成部分，对健全民主政治、提高立法质量、推进法律实施有重要作用。”[②] 律师并非公职人员，其作为社会民众的一员参与地方立法，首先能传递民众关心的问题、凝聚社会立法智慧，增强立法的民主性与合法性。其次，律师的参与过程本身也是程序正义的具体体现，代表了一种民主化倾向，能够有效防止地方立法异化成为某些部门谋求私利的手段。最后，律师的参与有助于引导广大民众用法治思维参与立法、用法治方式表达诉求，推动形成良好的社会法治氛围。

---

① 《立法法》第6条：立法应当坚持和发展全过程人民民主，尊重和保障人权，保障和促进社会公平正义。立法应当体现人民的意志，发扬社会主义民主，坚持立法公开，保障人民通过多种途径参与立法活动。

② 任才峰：《科学立法、民主立法、依法立法的理论与实践》，载《人大研究》2019年第1期。

（三）提升地方立法特色性与可操作性

“地方特色是地方立法存在的基础，是地方立法的生命与灵魂。没有地方特色，千篇一律，地方立法就会失去存在的意义和价值。”① 制定地方性法规的主要任务可分为两类：一是在已有上位法规定的前提下，结合当地的实际情况作出具体的实施性规定，使中央的法律法规、政策文件得以更好地在地方贯彻落实。二是在中央尚未立法的前提下，严格遵循法律保留原则，紧扣地方特色对地方性事项进行立法，以此探索全国性立法的实现路径。二者均须在立法权限内进行，并紧密结合当地实际，凸显地方特色亮点。可操作性是指在制定地方性法规时应重点关注如何解决区域性范围内存在的实际问题，并提供逻辑严谨、准确简洁的立法操作方案。律师在实务工作中可以广泛接触不同的社会群体，有能力收集、归纳特定的热点议题，并具有良好的团队协作优势，在知识架构、能力专长等方面可以实现配合互补，契合提升地方立法质量的实际需要。

三、律师提升地方立法质量的实现路径

（一）贯彻地方立法精细化的立法理念

自党的十八届四中全会提出“推进立法精细化”的要求以来，中国的立法工作逐渐由“粗放型”向“精细化”的立法方向转变。所谓精细化立法，是指体例灵活精简、内容充实细致的立法模式。精细化不仅是立法技术成熟的标志之一，而且是发挥法律实效的重要保障。长期以来，地方立

① 董皞主编：《地方立法教程》，中国政法大学出版社2020年版，第41页。

法工作受到立法形式主义的制约，具体表现在以下三个方面：一是立法结构片面追求“大而全”，主张立法“宜粗不宜细”，不顾实际需要进行“法典式”立法，力求全面设置各章节条款，欲调整的社会关系范围虽广，却缺乏保障制度落实的可行性手段。二是立法内容与已有的法律法规规定存在大量重复，表现在纵向上对中央立法及其他上位法的内容仅作细微改动后就直接照搬，在横向上不同地域间的地方性法规互相借鉴后形成高度相似的立法文本。三是立法态度较为保守，缺乏必要的创新性。为克服立法形式主义之弊端，必须始终秉持精细化的立法理念，明确地方立法的核心任务是为既存的现实问题提供切实可行的解决方案，并设计出科学合理的方案。律师参与地方立法并在提升地方立法质量的过程中应做到以下几点。

第一，律师须注重地方立法体例框架上的精细化。“随着国家法律体系的不断健全和完善，地方立法权限空间的有限性与分散性特征将更加明显，其形式将不再以‘面’的形式呈现，很少以‘线’的形式呈现，越来越多的是以‘点’的形式出现。”[①] 具体到地方性法规的架构设计中，立法机关和参与立法的律师应改变盲目追求体系化的立法倾向，而要以拟解决的实际问题为导向，需要几条就制定几条，成熟几条就采用几条，舍弃没有实际意义的“口号式”条款，减少空泛性的规定。[②]

第二，律师须注重地方立法内容上的精细化。根据地方性法规的调整事项范围，可将其分为实施型地方立法、补充型地方立法和探索型地方立法三大类。立法机关和参与立法的律师应围绕不同功能的地方性法规设计不同类型的文本，或是有偏向性地对上位法作出细化、补充，或是在权限

---

① 吴天昊：《社会主义法律体系形成后的地方立法创新》，载《政治与法律》2012 年第 3 期。

② 参见吕庆明：《地方立法技术与规范》，法律出版社 2023 年版，第 31 页。

范围内进行创制。须知，地方立法应集中体现地方的个性、差异性和特殊性，不宜一味生硬地挪用上位法或其他省市的法规规定。同时，有学者曾通过实证研究方法，得出地方性法规的细化和具体化程度将直接影响其对行政或司法的实际规范效力的结论。① 笔者对该观点深以为然。若地方性法规仅停留在原则性规范的层面，缺乏具体、细化的规范内容，行政或司法机关在实践中将不得不援引、参照上位法或效力级别更低的规章等来解决现实问题，地方性法规便处于被虚置的状态。法规的生命在于实施，律师在参与地方立法时应注重对文本内容的雕琢，设置更多有实质性意义的条款，并对程序性事项中的步骤、方式等作出具体规定，使地方立法的规范对象明确具体，规范方式合法可行，执法主体的权责明确统一。

第三，律师须注重地方立法程序上的精细化。制定地方性法规的步骤包括立项、草拟、审议、表决、批准（备案）、公布等阶段。具体要求如下：其一，选题的精细化。在确定立法选题时应开拓覆盖范围更广的项目征集渠道，在广泛调研的基础上注重回应该地区的重点问题，从“小切口”入手，实现精准选题。其二，创新起草技术模式，引入现代科学决策的技术方法与相关工具，以数字技术赋能地方立法，将该地区的优质实践成果与法规草案内容紧密结合，力争“人无我有、人有我优”。其三，在审议环节中应克服审议虚化的倾向，须围绕法案拟解决的主要问题、立法依据、制度设计等内容进行深入探讨，并重点审议关键条文。其四，可进一步简化公布环节，按照立法审批工作重心下移的总体要求，做好关口前移、简化程序和及时公布工作。②

---

① 参见丁祖年、郑春燕：《中国地方立法的现实与转型》，载《地方立法研究》2016 年第 1 期。

② 参见宋才发：《地方立法的基本程序及功能研究》，载《河北法学》2021 年第 3 期。

（二）根植地方特色，广泛组织公众参与立法

“地方立法的特色，根本上源于当地地方治理的实践以及本地民众的差异化利益偏好与需求。”[①] 社情民意是地方立法的重要立足点。一方面，相较于中央，地方立法机关距离基层更近，具有更接近群众的天然优势。另一方面，地方立法的适用范围更窄，有利于直接、具体地反映地方真实的社会样貌，易于探索适用于重点领域、关键领域的操作方案。[②] 为真正发挥地方立法的作用，律师应协助立法者在深入开展调研、广泛征集民意的基础上充分发挥法治思维与创新思维，将地方特有的优势及时转化为立法资源，奋力打造地方特色立法品牌。具体应符合以下几点要求。

第一，鼓励地方立法特色化须在明确地方特色边界的前提下进行。有学者将这种“边界”划分为正边界与负边界两个维度，其中正边界是指地方立法不得超越相应权限，不得与上位法及其立法原则、立法精神相抵触，负边界是指在地方立法活动中应正确行使权力，排除地方保护主义色彩。[③] 律师在参与地方立法时应恪守上述两个边界，使地方立法严格遵守法律保留原则，将保障既有权利的实现作为条文设置的重点，灵活应用倡导性规范，慎重设置义务性规范或禁止性规范。同时律师应发挥其职业中立性，杜绝地方保护主义、部门保护主义对立法过程的渗透，从维护社会整体利益的角度出发扎实地开展立法工作。此外，地方立法要做到有特色，律师不仅需要在选题立项上尊重地方特有的文化传统与风俗习惯，坚持问题导向、体现地方意识，还需要突出立法的必要性与可行性，从法规

---

① 封丽霞：《地方立法的形式主义困境与出路》，载《地方立法研究》2021 年第 6 期。

② 参见丁祖年、粟丹：《地方立法精细化的内涵与路径》，载《地方立法研究》2020 年第 4 期。

③ 参见石佑启：《论地方特色：地方立法的永恒主题》，载《学术研究》2017 年第 9 期。

整体架构和运行机制入手，围绕法规的价值取向和现实需要设计立法方案。

第二，提高地方立法特色化程度须积极推进立法中的公众参与。“公众参与是现代立法制度所追求的合法性、民主性与科学性的集中体现，也是推动善治和社会发展的理性选择。”[①] 律师在参与地方立法的过程中，应深入群众、广泛组织公众参与立法，并满足以下具体要求：一是要将公平正义的法价值作为贯穿地方立法工作的主线，从而提升公众对地方立法的认可度。二是要将全过程人民民主原则的内涵予以具体化，使地方立法程序充分发挥汲取与整合民意的功能。[②] 知情是深度参与的前提，在立法前，应利用时下高速发展的互联网技术完善相关立法信息的公开制度，确保公众完整、全面地获取信息，并不断拓宽公众参与地方立法的渠道。在立法中，应综合运用听证会、论证会、座谈会以及公开征求意见等方式，受理公众提出的各种意见和建议，并及时反馈，使公众对立法内容产生合理预期，扩大立法的民意基础。在立法后，要主动组织公众参与立法后评估、法规实施情况报告、执法检查等环节，将地方性法规建设成为汇聚民众智识、共识的载体，并不断予以完善。

（三）健全科学合理的立法评估机制

地方立法评估是指通过一系列技术性较强的评估标准，经过公开、公平、公正的评估程序，对拟制定出台的或者已经颁行了一段时间的地方性法规进行全面分析、判断和评价的专业性活动。[③] 立法评估作为评价立法草案的重要标准、检验立法质量的有效手段，越来越受到理论和实务部门

---

① 宋方青：《地方立法中公众参与的困境与出路》，载《法学》2009 年第 12 期。

② 参见陈玉山：《规范立法学论纲》，厦门大学出版社 2023 年版，第 118 页。

③ 参见陈伟斌：《地方立法评估的立法模式与制度构建》，载《法学杂志》2016 年第 6 期。

的重视。[①] 以地方性法规制定实施的关键时间节点为划分，可将立法评估分为立法前评估、立法中评估和立法后评估，且三者的侧重点各有不同。律师在参与立法评估时须注意以下方法。

第一，立法前评估主要发生在地方性法规制定前的阶段，其评估对象主要是拟开展的立法项目本身，而非具体的法规文本。在立法前评估工作中，律师应综合考量拟开展立法项目的必要性、合法性、可行性、特色性以及立法的预期效果与影响，最终得出该地方性法规是否需要纳入立法规划的结论。

第二，立法中评估主要发生在制定地方性法规的过程中，其评估对象是尚未发生法律效力的立法草案。律师在立法中评估时须围绕草案内容的合宪性、政治性、合法性、周密性等进行审查，并着重判断草案拟确立的主要制度是否具有可操作性。

第三，立法后评估主要发生在地方性法规生效后的实施阶段。律师参与立法后评估的主要目的是通过客观的评价发现可能存在的问题，为地方性法规后续的立改废释提供科学、合理的依据，从而达到提高地方立法质量、增强立法效益、降低立法成本的效果。

---

① 参见冯玉军：《高质量立法为良法善治奠基——兼论〈立法法〉再次修改的理由和要点》，载《法学杂志》2022 年第 6 期。

H公司证券虚假陈述调解项目办理纪实

陆　原[1]　吴宇亭[2]　金　亮[3]

[1] 陆原，金道律师事务所权益合伙人，工商管理硕士。

[2] 吴宇亭，金道律师事务所律师，法学硕士。

[3] 金亮，金道律师事务所实习律师，法学学士。

一、案件背景

2022 年下半年至 2023 年上半年，一批证券市场投资者因为某上市公司（以下简称 H 公司）虚假陈述问题，向某中级人民法院起诉，要求 H 公司赔偿损失。

2023 年 4 月，某中级人民法院 H 公司证券虚假陈述责任纠纷案件作出了示范判决（非终审判决）。由于起诉的投资者人数众多，法院案件量较大，案多人少，于是某中级人民法院委托杭州市律谐调解中心就该批案件进行调解。调解中心委托我们团队进行调解工作。

本项目最大的难点在于原告方与被告方诉求和利益的平衡，投资者方的主要诉求在于有效地获得更多赔偿，而 H 公司的主要诉求在于尽量减少赔偿额度。双方争议的焦点在于投资者是否符合法定的赔偿条件，以及赔偿金额如何计算。

二、案件办理过程和结果

2023 年 5 月、6 月，调解团队的负责人陆原律师以及团队成员吴宇亭，同律谐调解中心领导一起，多次前往某中院，与该院法官和其他参与调解的律所一起沟通协调调解项目。

2023 年 5 月底、6 月初，调解项目正式启动，某中院通过浙江解纷码 ODR 系统和线下方式向我们转交委托调解案件的材料。总计委托调解的案件数为 101 件。

2023 年 6 月初，我们收到案件材料后，第一时间确认收取，同时与原告方（或其代理人）取得联系，沟通调解意向，并初步沟通调解方案；在第一次沟通时，对于缺乏材料的原告方，我们也要求其提供进一步材料。

2023 年 6 月至 7 月，我们进行了第一轮的核损测算。同时，我们与被告和原告同步确认了部分原告的核损金额。制定了调解协议和调解笔录的模板。但由于案件时间紧，加上被告、原告等进度因素，大部分的调解进行了延期。

2023 年 8 月至 9 月，我们在调解期限内对浙江解纷码系统中的 33 个案件成功进行了调解，少数因为金额为 0 或者材料不完整的，在超期之后的一周内，也都成功调解。2023 年 9 月至 12 月，我们对剩余 68 个案件陆续进行核损确认和调解材料的签署。

截至 2023 年年底，我们完成了 80 件案件的调解工作，其中调解成功（签署材料）53 件，剩余 27 件转为诉讼。尚未完结的 21 个案件也已经进入最后的确认和签署流程。调解工作近半年时间，整体案件调解成功率 73.27%。

三、调解流程详解

调解工作在案件进入 ODR 系统/接受法院委托，同时存在示范判决时启动（一般情况下，在一审判决作出后即可开始调解工作）。

（一）材料接收——原告组

ODR 系统内的案件需在浙江解纷码网站上，登录调解员账号进行下载；部分案件法院会通过线下方式进行材料移交，包括用光盘、U 盘等。

（二）初步整理——原告组

接受原告的起诉材料后，需要对材料进行分类整理，从不同的材料中提取有用信息，输入我们的调解台账中。以下是各材料需要整理的信息：

（1）起诉状：投资者姓名，起诉金额[①]，原告主张的三日一价[②]，起诉时间；

（2）授权委托书：全部代理人姓名，联系电话，所在律师事务所名称，委托权限；

（3）身份证：原告身份证号码；

（4）证据：是否有对账单，对账单时间是否完整，是否有损失计算表。

在整理相关材料后，制作调解台账，记录上述信息以及初步核验材料缺失情况，如缺少对账单，对账单未涵盖实施日至基准日等，在“各类问题”一栏中做好记录。

（三）调解方案确定——被告组

在原告组整理起诉材料的同时，被告组同步进行调解方案的确定工作。由于存在法院的示范判决，被告一般会以示范判决的三日一价、损失计算方式和赔偿比例作为调解方案。除了确定上述内容，还需要告知被告调解收费方式，调解费用也作为调解方案的内容。

在这个步骤中可能会出现一个难点，就是损失计算的方法的确定。由

---

① 有的代理人会将其代理的原告会统一起诉金额写为10,000元或某个固定数字，目的在于节省诉讼费或减少自己的核损工作，实际的赔偿金额将在后续核损之后确定，并且需要根据实际金额变更诉请。

② 如果起诉状未标明“三日一价”，可从其他材料中搜索相关信息（如证据清单），如果未明确说明或与法院主张不同，需在调解台账中“三日一价”栏目做好记录。

于此类案件损失计算的方法有多种，包括：（1）综合加权平均法；（2）先进先出加权平均法；（3）封闭周期先进先出加权平均法；（4）移动加权平均法等。而示范判决可能会因为该判决中原告的交易较为简单，无法确定是哪一种，所以调解团队一定要在这一步确定清楚损失计算的详细方法，以免后期工作的反复或变更。

在H公司的案件中，我们就出现过这个问题。在调解初期我们采用的是标准的先进先出加权平均法，并且用这种方法调解成功了一些案件。但是到调解中期，被告发现封闭周期先进先出加权平均法更有利于他们（赔偿更少），于是主张采用这种方法。但部分原告对新方法不认可，特别是有一位代理人，其代理的部分原告前期已经用先进先出方法调解成功了，因为调解途中更换算法，他对我们的调解工作有非常大的意见。我们经过与原被告双方多轮的沟通、协调，并且借助法院的力量，最终才化解了被告切换计算方法产生的调解危机。

调解方案确定后，被告组及时告知原告组。

（四）与原告沟通调解方案——原告组

调解方案确定之后，原告组按照案件量进行分工，逐一联系对应的原告（代理人）。联系原告时，需要询问原告是否同意调解，是否同意调解方案和收费（收费由被告承担）。如果同意，则推进下一步核损工作。如果原告的起诉材料缺少必要内容的，此时我们会要求原告补充提供。

有的情况下，原告在初次沟通时不同意调解方案，有的是不认可调解方案中的三日一价，有的是对赔付比例不满意。此时我们会告知原告律师，已有判决的三日一价、赔付比例与调解比例是相同的，建议走调解路径，节省时间成本。如果反复交涉后，原告律师仍拒绝调解，则调解终止。

（五）内部核损——原告组

原告表达愿意调解的初步意见后，原告组开始进行核损工作，即开始计算原告的损失金额。

1. 交易记录的录入或获取

由于计算损失需要用到 EXCEL 工具，一般我们会统一要求原告提供 EXCEL 版本的交易记录或者损失计算表。如果原告无法提供的，调解团队需要自己人工录入交易记录①。

2. 核定原告损失

交易记录录入完成后，我们会根据调解方案确定的损失计算方法，使用我们自制的 EXCEL 函数工具来自动计算损失金额。

3. 复核与检查

核损完成后，原告组会交叉复核损失计算是否正确。包括检查：（1）原告证据中的对账单是否覆盖了计算方法所需的全部时间段②；（2）EXCEL 表格中的交易记录是否与原告提供的对账单相一致。

若原告提供的对账单不能覆盖必要的统计区间的，调解团队会联系原告，要求其补充完整的对账单。原告拥有普通账户和信用账户等多个账户时，需要检查每个账户的交易记录，计算损失时需要将所有账户合并计算。

---

① 调解经验证明，录入交易数据需花费大量时间而且枯燥。大量案件的情况下调解员没有时间帮助原告录入交易数据，因此会要求原告提供，或者扩充团队人力。

② 不同的计算方法需要提供的交易记录区间如下：（1）综合加权平均法：实施日到揭露日期间的买入记录，以及揭露日到基准日期间的卖出记录；（2）先进先出加权平均法：第一次购入该股票之日起，到揭露日期间的买卖记录，以及揭露日到基准日期间的卖出记录；（3）移动加权平均法：第一次购入该股票之日起，到揭露日期间的买卖记录，以及揭露日到基准日期间的卖出记录；（4）封闭周期先进先出加权平均法：实施日到揭露日期间的买卖记录，以及揭露日到基准日期间的卖出记录。

（六）被告定损、确认调解方案——被告组、原告组

原告组核定损失之后，被告组将核定的结果、对应的原告材料交给被告，由被告确认损失。绝大部分情况下，被告确定的损失与我们调解团队核定的损失是一致的。

出现被告计算结果与调解团队不一致时，被告组会联系原告组检查材料、对比记录，最终发现问题所在，共同确定最终的损失金额。定损金额确认后，针对具体原告的调解方案也确认了。

（七）与原告确认损失、调解方案——原告组

被告确认损失金额后，原告组将会联系对应的原告，告知其确定的损失和赔偿金额，询问原告意见。大部分原告在前期沟通良好的情况下，对调解团队给到的损失和赔偿金额不会有异议。但部分原告因为对计算方法不熟悉，或者自身预期不合理，会对调解团队给到的赔偿金额有异议。

此时原告组需要一定耐心，对原告进行多轮、多角度的说服工作。一般我们会告知损失计算方法是示范判决确认的，就算进入诉讼也不会有（太大）差别，同时提示进入诉讼要预交诉讼费，并且获赔时间会更长。少部分的原告，我们在与被告沟通好的情况下，在付款时间上给予其优待。绝大部分原告经过我们的说服，最终会同意赔偿金额。

金额敲定之后，我们会再次与原告确认调解方案。此时原告不会对方案再有异议。

（八）制作、签署调解材料——原告组、被告组

原告确认具体调解方案后，调解工作就进入了最后签署环节。我们根

据以往的调解经验，制作了适合本次项目的调解协议和调解笔录。调解笔录的内容包括示范判决和原被告双方认可的三日一价、赔付比例等内容，也包括每个具体原告的赔偿金额、调解费用。

针对每个投资者，我们还会将其对账单、损失计算表作为调解协议的附件。全套调解材料制作完成后，我们就发起签署流程。

由于原告遍及全国各地，统一到现场签署笔录成本较高，效率太低，在实践中我们往往是通过邮寄签署的方式来完成笔录的签署。

一般我们会先将材料电子版发给原告，让原告先签署完成后邮寄给被告。这样可以防止被告流程走完后原告再反悔，之前的盖章失效。

但有时因为原告处理材料困难，或者个人投资者难以整理完整材料，我们也会让被告先签署材料，然后邮寄给原告签署。这样可以让被告将调解协议、笔录和附件内容都准备完善。

原被告均签署之后，再邮寄给我们调解员，调解员签字之后由调解中心盖章，最后由调解中心将用印好的材料分别邮寄给原被告。

至此，我们的调解工作就完成了。后续还需要注意的就是关注赔偿费用和调解费用的支付，催促被告及时履行。

四、项目难点

（一）涉众案件沟通的复杂性

这类案件的原告方是大量的上市公司股票投资人，除了我们调解的 101 位原告，还有其他调解团队负责的原告。并且我们作为法院委托的牵头团队，不仅要协调我们自己案件中原告、被告之间的关系，还需要帮助其他调解团队协调他们案件中的各方主体。

在调解过程中，我们就遇到某位代理人代理的一批原告被分到了我们和另一个调解团队中。因为另一调解团队与该代理人的沟通出现问题，我们介入之后，帮助另一团队的调解员完成了调解。

另外，还经常出现的问题是，由于调解工作有先后顺序，但原告的代理人往往是经常办理此类案件的“老手”，他们有的互相之间会打听、了解情况。有的代理人调解进度落后了，就会有意见或出现埋怨，甚至会提出结束调解尽快立案。此时我们也需要耐心说服，避免自身出现情绪，导致沟通对立。在这个案件中，我们就运用了“威胁＋利诱”的方式，一方面告知原告代理人进入诉讼时间会更长，成本会更高；另一方面积极与被告沟通，争取对部分特殊情况的原告在付款时间上给予优待，最终化解了代理人想要立案的想法，成功调解。

（二）损失核定的专业性

由于证券虚假陈述责任纠纷案件损失计算方法有多种，不同地区采用的方法不尽相同，甚至有时同一地区采用的方法也会前后不一。由于损失计算方式有一定的专业度，就算是经常代理此类案件原告的部分律师也未必能掌握所有的计算细节。

有部分原告（包括投资者本人或律师）在看到调解员提供的损失金额时会有异议，认为赔偿金额过少，甚至会存在情绪。针对这类情况，调解团队原告组需要与原告多次沟通，必要时提供我们的损失计算表（去掉了自动化的函数）和法院的已有示范判决。再对原告加以劝说，贯彻“能调尽调”原则。

这时候我们不仅要向原告展现我们核损方法的专业，也要运用好沟通技巧。在这个案件办理过程中，我们还采用过多个调解团队成员相互配合，一起与原告沟通的方式，最终劝服了原告律师继续推进调解。

（三）调解工作的紧迫性

浙江解纷码 ODR 系统内的调解案件是有期限的，进入系统后会分配一个月的办理期限，期限届满前可以申请延期一个月，但只能延长一次。线下提交的诉讼材料，目前最高法文件规定是在双方当事人同意的情况下可以延期，因此时间上较为充裕。团队内部商定的期限是 2023 年内完成全部 101 个案件的调解协议和笔录的签署，这是基于对调解用时的把握和对法院、调解中心和原被告负责的态度。

两个月的期限看似完成一个案件的调解工作是绰绰有余，但同时要完成 33 个不同代理人的案件，时间上还是较为紧张的：有的原告对账单较多，也无法提供电子版交易记录，调解员需要花很多时间录入；有的原告在外地，补充对账单后先发给代理人，由代理人发给我们，等待时间花费较多；被告代理人因为需要对每一位原告的损失计算表和对账单进行再次核算，也会花费较多调解期限。

为最大限度地提高调解效率，我们团队采用了一套“流水线式”的工作方法：首先是每周一更新调解台账，汇报统计上周一周的调解进度和本周工作重点；其次是将调解流程细分为损失计算表制作、双方核对、协议笔录签署、邮寄调解中心等多个时间节点，每完成一项就在调解台账上打“√”，以便于实时调整工作重心；最后是根据代理人将原告分批次调解，原被告双方对部分数据有异议就先行调解无异议的，力求“人等案”而不是“案等人”，防止调解案件的积压。

在经历了前期建立健全工作方法的探索阶段后，我们的调解效率也在逐渐提升，截至 2023 年年底，大致完成了全部 101 个案件的调解工作。

五、心得与收获

（一）积累了大量的调解工具

在这个项目的调解过程中，我们制作、完善了许多可复用的调解工具，包括调解台账、案件统计表、损失计算表、调解笔录、调解协议等。这些工具是我们在一轮又一轮的调解工作中不断修订、完善，最终定稿完成的。

这些工具的使用不仅可以提高调解员的工作效率，而且可以让刚接触这类案件调解工作的人迅速进入状态。实际上我们也已经在后续的证券虚假陈述调解项目中继续使用这些工具。

（二）打磨专业水平

随着 2022 年《最高人民法院关于审理证券市场虚假陈述侵权民事赔偿案件的若干规定》的发布，该类案件在虚假陈述的重大性、因果关系的认定、其他因素影响等的争论将会更加复杂。不管是代理任何一方还是居中调解，都需要深刻理解该司法解释、做到专业过硬。

我们在调解过程中，除了对该司法解释进行了反复、系统的学习，还对各地判决都进行了研究，做到了专业上的“天衣无缝”。不管原告还是被告，都对我们专业上的意见没有任何的质疑。

（三）个案公平与社会效果的统一

证券虚假陈述案件的特殊性在于一方是具有公众性质的公司或大型金融机构，另一方是普通的投资者。该类案件除了分清责任、厘定损失，还需要注意社会影响。因为往往公众公司背后涉及一方的就业、税收、经济等问题，我们在调解过程中通过不断权衡、沟通，达到个案公平与社会效果的统一。既维护了原告方投资者的权益，也保障了上市公司及其背后普通中小股民的利益。

后　记

笔者秉持协同主义基本立场，坚持协同主义诉讼模式[1]基本主张。在协同主义诉讼模式中，律师与法官一齐构筑诉讼作业共同体，在民事诉讼中共同发挥探知案件真实、正确适用法律、提升诉讼效率和实现诉讼使命的具体作用。

第一，律师探知案件真实的作用。“‘发现真实’作为诉讼所努力实现的价值之一，具有超越法体系或法文化的普遍意义。”[2]在协同主义诉讼模式中，通常而言，律师代理当事人主导证据的收集，但法院亦有必要发挥一定的积极作用给予律师必要的协助，双方在协同主义理论的指引下最大限度地发现案件真实，为矛盾纠纷的实质性化解奠定坚实的事实基础。

第二，律师正确适用法律的作用。不可否认，“自从法律制度演变成了茂密的规范丛林之后，找出到底哪些是现行法律的困难变得越来越

---

① 关于协同主义诉讼模式的内涵，参见田平安、刘春梅：《试论协同型民事诉讼模式的建立》，载《现代法学》2003年第1期；肖建华：《构建协同主义的民事诉讼模式》，载《政法论坛》2006年第5期；熊跃敏、张伟：《民事诉讼中的协同主义：理念及其制度构建》，载《法治研究》2012年第1期；江必新：《加强法官律师良性互动　探索构建协同诉讼模式》，载《中国律师》2018年第3期；赵青航：《数字时代下协同主义诉讼模式的建构》，载《北方法学》2024年第1期。

② 江必新：《加强法官律师良性互动　探索构建协同诉讼模式》，载《中国律师》2018年第3期。

大”,[1] 但法律职业主义要求律师秉持专业精神，将抽象的法律规范适用于具体个案。一方面，律师须针对案件事实中的法律问题找寻可以准确适用的法律规范，尤其要专精于寻找请求权基础。另一方面，因为法律在被制定出来的那一刻就已经落后于社会现实，所以律师不仅要善于寻找法律，还要勤于通过解释法律来填补既存的法律规定与鲜活的社会现实之间的缝隙。当对某一具体法律规则的理解存在分歧时，律师与法官应协力探知法律条文的立法原意，为正确适用法律规定框定界限、达成共识。

第三，律师提升诉讼效率的作用。在协同主义诉讼模式中，律师与法官在很大意义上组成了协同解纷的诉讼作业共同体。律师在诉讼中不再被纯粹地“安排”或“支配”，而是积极主动地配合法官的诉讼指挥，与法官联袂形成一种健康的互动关系，以促进各方的信息交流，从而尽早地固定重要证据、明确争议焦点、形成要件事实、推进诉讼程序、提升诉讼效率。

第四，律师实现诉讼使命的作用。虽然社会需要民事诉讼这一纠纷解决机制来调整各方行为，维护交易秩序，但此仍系诉讼的间接目的。民事诉讼最直接的目的在于定分止争，维护当事人的合法权益。“要着力解决‘一案结多案生’问题，这就要求必须把实质性化解矛盾、解决问题作为司法审判的目标、导向。”[2] 由此可见，律师应当尽力协助法官彻底化解矛盾纠纷，促进社会的和谐稳定，协同实现民事诉讼的直接与间接目的。

本书收录的案例均系金道律师在2023年办结的。每一个经典案例的办理，无不体现金道律师“如我在诉”的执业理念，也彰显金道律师在每一

---

① ［德］鲁道夫·瓦塞尔曼:《从辩论主义到合作主义》，载［德］米夏埃尔·施蒂尔纳编:《德国民事诉讼法学文萃》，赵秀举译，中国政法大学出版社2005年版，第382页。

② 张军:《学深悟透做实习近平法治思想　以审判工作现代化服务保障中国式现代化》，载《民主与法制》2023年第36期。

个诉讼案件、非诉项目中所发挥的能动作用。我们愿以一本书的厚度与诚意，与每位关注与支持浙江金道律师事务所事业发展的朋友们敞开心怀地分享，不懈地为客户寻求法律问题的最佳解决之道！

浙江理工大学特聘副教授、硕士生导师

浙江金道律师事务所品牌与文化建设委员会主任

赵青航

2024 年 5 月 1 日